W0171160

Von Nick Young sind außerdem bei BASTEI-LÜBBE lieferbar:

61225 Kevin Costner. Der letzte amerikanische Held

61243 Robin Williams. Hollywoodstar mit Herz

# Nick Young

# *Mel Gibson*

## Ein stahlharter Profi
## mit sanfter Seele

BASTEI
LÜBBE

BASTEI-LÜBBE-TASCHENBUCH
Band 61266

1. Auflage Mai 1993
2. aktualisierte Auflage Juli 1994

Bildnachweis:
Alpha London: S. 11, 205, I
Telebunk: S. 20
UIP: S. 49, 52
Bildarchiv Engelmeier: S. 112, 148, 196, 201
dpa: S. 180
alle übrigen Fotos: cinema

Erstveröffentlichung
(c) 1993 by Gustav Lübbe Verlag GmbH, Bergisch Gladbach
Printed in Germany
Einbandgestaltung: K.K.K., Köln
Titelfoto: cinema
Satz: Fotosatz Böhm, Köln
Druck und Bindung: Ebner Ulm
ISBN 3-404-61266-3

# Inhalt

»Wenn Mel Gibson lacht,
dann wird die Welt ein bißchen
fröhlicher!«

(Richard Donner)

# Die Geheimnisse des Mel Gibson: Anfänge und Privatleben

Er ist der sensible unter den Action-Helden. Der Familienvater unter den Einzelgängern. Der Großgrundbesitzer unter den rastlos umherstromernden Typen. Der Witzbold unter den Supercoolen. Der Intelligente unter den Instinkt-Menschen.

Mel Gibson ist einzigartig. Der blauäugige Superstar, der sich schon von Anfang an auf kein Genre festlegen ließ, in dem so viele Widersprüche stecken, die bei anderen eine Karriere verhindern, gehört inzwischen zu den Top-Ten des Filmbusiness dieser Welt, zu jener Star-Elite, in der Eintagsfliegen nichts zu suchen haben. Tatsächlich — er hat bewiesen, was er kann und er führte diesen Nachweis ohne ständig »career moves« zu machen, wie die Amerikaner sagen, das heißt, seine Karriere in der einen oder anderen Richtung zu steuern. »Ich habe stets das getan, was mir Spaß macht — ohne Rücksicht darauf, wieviel Geld es bringt oder wie wichtig es für meine Karriere ist — und danach handle ich weiter.« Heute fällt dem vielfachen Millionär Gibson dieser Spruch sicher leicht, aber wenn man sich seinen Werdegang ansieht, wird klar, daß er tatsächlich nach diesem Motto gelebt hat.

Von Anfang an war Mel ein unglaublich »präsenter« Typ, einer von denen, auf den jede Kamera »steht«. Ganz egal, von welcher Seite das Licht kommt, gleichgültig, ob er nur klein oder groß im Bild ist, oder von wo aus man ihn aufnimmt: Dieser Typ hat keine Schokoladenseite — er ist ein einziges Zuckerlecken für den Chronisten, der ihn auf Film zu bannen hat, denn er sieht immer gut aus.

So gut sahen vor ihm nur wenige andere blauäugige Heroen aus. Paul Newman, Gary Cooper, Clark Gable, Kirk Douglas, James Dean — in dieser Tradition charismatisch strahlender Leinwand-Persönlichkeiten steht auch Mel Gibson. Erst danach kommen die Rollen, die er spielte und spielt. Sein Lachen war vom ersten Moment an ein gewinnendes, wer es sieht, erliegt ihm auf der Stelle. Obwohl nicht eben der Muskulöseste, Größte, Schönste von allen — gleichwohl sind all diese Eigenschaften bei ihm ja nicht unterentwickelt — , wurde er einmal vom amerikanischen Magazin »People«, das sein Wissen angeblich umfangreichen Fan-Befragungen verdankte, zum »sexiest man alive« gewählt, also zu dem Mann dieser Welt, der den meisten Sex ausstrahlt. Viele Jahre ärgerte er sich über diese Schlagzeile, doch heute sagt er cool: »Darüber denke ich nicht nach«, und fügt lachend hinzu, «es wird wohl so sein«. Wie es dazu kam, mag die Geschichte seiner Kindheit, Jugend und frühen Filme erhellen:

Mel C. Gibson wurde am 3. Januar 1956 in dem kleinen Ort Peekskill im Norden von New York geboren. Das C steht für Columcille und kommt aus dem Irischen. Mel war das sechste von insgesamt 11 Kindern. Sein Vater, Hutton Gibson, war Angestellter bei der amerikanischen Eisenbahn und arbeitete dort als Bremser. Seine Mutter kam zwar in den USA zur Welt, doch deren Mutter wiederum, Mels Großmutter also, war eine bekannte australische Opernsängerin. Gibsons Wurzeln mütterlicherseits liegen also in dem Land, in dem seine Karriere begann. Hutton Gibson und seine Frau erzogen ihre Kinder streng katholisch, und weil die Kirche jede Empfängnisverhütung untersagt, war die Familie auch bald auf 13 Köpfe angewachsen.

Als Mel 12 Jahre alt war, 1968, verletzte sich Hutton Gibson bei einem Arbeitsunfall so schwer, daß er seinen Beruf nicht mehr ausüben konnte. Er wurde dienstunfähig geschrieben und erhielt von der Versicherung eine relativ großzügige Abfindung. Die wollte er nutzen, um sich am anderen Ende der Welt eine neue Karriere aufzubauen – in Australien. Außerdem befürchtete der strenge Katholik, daß seine Söhne zum Militär und damit nach Vietnam eingezogen werden könnten. Damit hätte er sich nie einverstanden erklärt. Also zog die gesamte Familie von New York nach »Down Under«.

Nach Australien zu gehen, lag nahe, da Mels Verwandte mütterlicherseits von dort stammten. Aber Gibson erinnert sich heute daran, daß es ein schwieriger Neuanfang für die Familie war – und für ihn. »Ich glaube, es war einer der Gründe dafür, daß ich später Schauspieler geworden bin, denn ich beobachtete die Australier sehr aufmerksam und versuchte, mich ihnen anzupassen. Ich wollte einfach, um mir das Leben in der ungewohnten neuen Umgebung zu erleichtern, ein bißchen sein wie sie. So verleugnete ich einen Teil von mir selbst und war − zum ersten Mal − ein Darsteller. Amerikaner sind sehr ausdrucksstark und exaltiert, während die Australier eher reserviert sind.«

Mel ging zunächst auf die »St. Leo's Christian Brothers School«, wo er weiterhin im streng katholischen Sinn erzogen wurde. Diese Schule war natürlich eine reine Jungenschule − für Mädchen hatten sich die pubertierenden Jungs zu dieser Zeit nicht zu begeistern − und Mel interessierte sich auch nicht für sie. »Ich war immer ein sehr schüchterner Junge«, meint er und erinnert sich vor allem an einige Abenteuer, die er mit seinen Brüdern erlebte. Die Familie hielt sich vom Ersparten des Vaters über Wasser. Dazu kam das Geld, das Hutton Gibson durch seine Teilnahme an TV-Gameshows einnahm, was Mels Wunsch nach Popularität natürlich irgendwann förderte.

Als er schließlich aus der Schule entlassen wurde − er war immer ein eher mittelmäßiger Schüler gewesen − hatte er zunächst überhaupt keine Berufswünsche. Eher verhalten dachte er daran, Journalist zu werden, setzte sich aber nur halbherzig dafür ein. Auch eine Karriere als Koch schien ihm denkbar, aber »ich wußte nicht, wie ich das so richtig anfangen sollte«.

Dann kam ihm der Zufall in Gestalt seiner älteren Schwester zu Hilfe. Die hatte nämlich hinter seinem Rücken einem seiner möglichen Berufswünsche, die er im Familienkreis geäußert hatte, nachgeholfen und für ihn einen Aufnahmeantrag an das »National Institute of Dramatic Art« in Sidney mitsamt fünf Dollar Annahmegebühr abgesandt. Das Wunder geschah und man lud ihn zur Aufnahmeprüfung ein.

Die stellte für ihn überhaupt kein Problem dar, denn »ich war mir mehr als sicher, daß ich überhaupt nicht die Spur einer Chance haben würde«, erinnert er sich später belustigt. Auf die Frage, warum er es dennoch versucht habe, antwortete er unbefangen: »Ich habe mein ganzes Leben andere Leute nachgemacht, warum sollte ich dann jetzt nicht dafür bezahlt werden?« So startete er diesen aberwitzig scheinenden Versuch. »Und weil das klappte, beansprucht meine Schwester nun 10 Prozent all meiner Einnahmen«, scherzt Mel heute.

So kam Mel Gibson an eine Schauspielschule. Er hielt sich an den Grundsatz: »Glaube nichts was Du liest und nur die Hälfte von dem was Du siehst«, den seine Mutter ihm eingeschärft hatte. Die Ausbildung nahm er sehr ernst. »Ich versuchte immer, zunächst ganz einfach ich selbst zu sein, und von mir ausgehend, mich in andere hineinzuversetzen.« Je mehr Erfahrungen er sammelte, desto besser wurde er auch als Darsteller —bis heute. Zu seiner Ausbildung befragt, meinte er später: »Meine Lehrer haben manchmal zu mir gesagt, ich sei zu nachdenklich, zu introvertiert. Sie wollten, daß ich mehr aus mir herausgehe. Aber die haben einfach nicht verstanden, daß ich eben in diesem Moment so war und sein mußte.« Er lobt dennoch seine Schule: »Das war für mich von großem Wert. Da versucht man eben einfach alles, auch das, was man eigentlich gar nicht möchte. Warum hätte ich fechten sollen, oder bestimmte Gymnastik machen sollen zu dieser Zeit? Aber wirklich: Je mehr ich das alles tat, desto mehr Spaß machte es mir. Und ich entdeckte tatsächlich eine ganze Reihe Fähigkeiten, von denen ich vorher nicht geglaubt hätte, daß ich sie habe.«

Von der Theorie des Schauspielens hält er nicht allzuviel: »Sie unterrichten nach Stanislavskis Methode, nicht überzureagieren und keine Manierismen einzubauen. Aber das ist nichts weiter als das normale Gefühl, das man eben haben sollte, wenn man spielt. Stanislavski hat das einfach alles aufgeschrieben. Ich spiele immer aus dem Bauch und bringe mich selbst ein — mit der Zeit geht das immer besser. Mit Theorie komme ich da nicht weiter.«

Mel Gibson orientiert sich bis heute nie an anderen, immer nur an sich selbst — und vielleicht dem ein oder anderen mütterlichen Leitsatz. Ihr zweiter Rat für Mel war: »Wechsle immer deine Unterhosen. Es wäre fürchterlich, wenn du von einem Lastwagen überfahren würdest und die alten anhättest...« Überhaupt die Familie: »Wenn man in einer so großen Familie aufwächst, lernt man, mit einer Menge anderer Menschen auszukommen und wird dadurch sehr viel toleranter.« Auch die Religion ist wichtig für ihn, obwohl er kein praktizierender Katholik ist: »Wenn ich die richtige Kirche und die richtigen Priester finden würde, ginge ich schon hin, aber das ist schwer – Hölle, man braucht das aber. Die Institution selbst ist mir zu korrupt.« Generell aber teilt er viele der konservativen Ansichten der katholischen Kirche – der Glaube an Gott ist fester Bestandteil seines Lebens. Er ist gegen Geburtenkontrolle und so kommt es auch, daß er und seine Frau Robyn inzwischen sechs Kinder haben und »wenn Gott will, werden es noch mehr«. Tocher Hannah – sein erstes Kind – aber kam erst im Jahre 1980 zur Welt, und da hatte die Karriere von Mel Gibson noch gar nicht begonnen...

Im Jahr 1977 war der Student klassischen Schauspiels, ein junger Besserwisser, davon überzeugt, längst einen Großteil seines späteren Berufes im Blut zu haben. Seine Ausbildung dauerte ein wenig länger als bei anderen, zum einen, weil er zwar klug, aber faul war, und zum anderen, weil sein wichtigstes Freizeitutensil zu jener Zeit das Surfbrett war, mit dem er jedes Wochenende an die wunderschönen Strände nördlich der australischen Metropole fuhr.

Da hatte er einen allerersten Auftritt in der TV-Serie *The Sullivans*. Eine Erfahrung, die er als »schockierendes Erlebnis« beschrieb, weil man nicht probte, die Drehbücher so schlecht gewesen seien und die Dreharbeiten an einem Stück von Szene zu Szene heruntergekurbelt wurden. Er blieb nur zwei Wochen dabei und »war aber drei Wochen im Fernsehen zu sehen, so schnell drehten wir«. Sein Leinwand-Debüt gab er auch nicht in einem Action-Film, sondern in dem Streifen *Summer City*, einem Surf-Film, den ein paar Freunde an eben jener Küste drehten und der heute in den Archiven vergammelt.

Er verkörpert darin den Surfer Scollop, einen von vier jungen Männern, während eines stürmischen Wochenendausfluges. Mit einem anderen Jungen namens Robbie spielt er gegen den aufschneiderischen Boo, der die Tochter eines Zeltplatzbesitzers verführt. Sandy, der Vierte im Bunde ist ihr fester Freund, der sich daraufhin mit Boo schlägt. Doch der Vater des Mädchens ist noch gewalttätiger — er erschießt Boo am nächsten Tag und bedroht auch Sandy, der wiederum den Vater in Notwehr umbringt. Zum Ende des dünnen Filmchens wird Sandy vom Mordvorwurf freigesprochen. Mel Gibsons Rolle als Scollop brachte nur zehn Minuten Leinwandpräsenz und schlappe 20 Dollar ein. »Ein billiges, verabscheuungswürdiges Filmchen« wie er heute selbst zugibt.

Zu dieser Zeit lebte er von 15 Dollar im Monat, hatte keine Frau und keine Kinder und freute sich über jeden Penny. Einige Zeit jobbte er in einer Fabrik, die Orangensaft herstellte. Von halb drei Uhr morgens bis halb neun Uhr abends quälte er sich ab und wurde immer wieder daran erinnert, wie schwierig ein Leben als Schauspieler doch eigentlich sein konnte. »Ich wußte natürlich, daß

17

ich in dieser stinkenden Fabrik nicht enden wollte«.

Das brauchte er nicht. Ein gewisser George Miller hatte ihn in dem Film gesehen und über die Schauspielschule einen Kontakt zu ihm hergestellt: Der australische Unfallarzt Miller und dessen Freund Byron Kennedy, die sich in den Kopf gesetzt hatten, Filme zu produzieren und dieses Vorhaben mit allen Mitteln verwirklichen wollten, suchten nach einem Hauptdarsteller für eine interessante Idee.

Kennedy und Miller, Filmfreaks par excellence (wie Mel natürlich auch), trieben fast 400.000 Dollar auf, wobei sie Verwandte und Berufskollegen zur Ader ließen, beziehungsweise mit vorgestrecktem Geld an dem unsicheren Geschäft beteiligten. Ihren Filmstoff beschrieb Miller zu dieser Zeit so: »Australien, in der nahen Zukunft. Die urbane Gesellschaft befindet sich im Zustand fortgeschrittenen Verfalls. Die Überlandstraßen sind zu Alpträumen aus Asphalt geworden, die Arena für ein seltsames, apokalyptisches Todesspiel zwischen streunenden Motorrad-Gangs und einer kleinen Schar junger Polizisten in hochgezüchteten Verfolgungs-Wagen.« Das war die Geburt von *Mad Max*, des Films, der nicht nur Regisseur Miller berühmt machen sollte, sondern auch Mel Gibson in der Rolle des Protagonisten.

Bei jenem Casting übrigens sah es zunächst alles andere als gut für ihn aus: Am Vorabend des Vorspielens war er auf einer Party gewesen, hatte sich fürchterlich betrunken und zu allem Überfluß auch noch geprügelt. Trotz eines blauen Auges konnte er Miller und Kennedy von seinen Qualitäten überzeugen und bekam anderntags den Part zugesprochen.

Unter großen Schwierigkeiten wurde der Film fertiggestellt, und es gelang dem improvisierenden Film-Team, aus der simplen Story einen grandiosen Film zu machen. »Ein schwarzer Endzeit-Western«, schrieb zum Beispiel der Kritiker und Regisseur Hans Christoph Blumenberg, »eine höhnische, negative Utopie, die klassische Genre-Elemente in einen modernen Zusammenhang stellt.« Miller verzichtete darauf, die Welle der Gewalt zu zeigen, die mit dem Mord an Max Rockatanskys Familie ausgelöst wird, aber diese Gewalt war omnipräsent — zwischen den Bildern.

Ebenfalls hochpräsent und gleichzeitig weltweit das Synonym für die Kultfigur des *Mad Max* war Mel Gibson, — ein neuer Star, und es bestand kein Zweifel, daß er auch in einer Fortsetzung »Max« sein würde. Der Film spielte seine minimalen Herstellungskosten hundertfach wieder ein und war einer der ersten Kultfilme der 80er Jahre.

Die Serie, der Mel Gibson seinen Durchbruch verdankt, wird in gesonderten *Mad-Max*-Kapiteln in diesem Buch gewürdigt.

Mel Gibson hatte einen großen Anteil an diesem Erfolg und erhielt von nun an eine Menge Angebote. Doch zunächst einmal war er froh darüber, das Geld zum Überleben zu haben und entschloß sich, mit dem Weiterfilmen noch ein wenig zu warten. Er wollte möglichst rasch sein Studium abschließen. Mit dem Schauspielerdiplom der Universität in der Tasche begann er dann, über ernsthafte Theaterrollen nachzudenken, an denen er seinen Beruf »üben« konnte. Mit dem »State Theatre of South Australia« ging er auf Tournee und spielte bald darauf in Shakespeares »Romeo und Julia«, Becketts »Warten auf Godot« und einigen australischen Stücken.

Seine Rückkehr auf die »Leinwand« verdankte er dem Spielfilm »Tim«, den er 1979 drehte — er spielte einen Behinderten, der mit der Liebe zu einer doppelt so alten Frau fertig werden muß. »*Tim* war ein besseres Buch als der Film«, erinnert er sich heute in Interviews. »Sie haben den Ein-

druck, den Tims Behinderung hinterläßt, zu sehr abgeschwächt. Ich habe es geliebt, in dem Film so zu spielen, als sei ich 12 Jahre alt. So haben die Leute andauernd mein unmögliches Benehmen entschuldigt.«

In dem Film (nach dem Buch der »Dornenvögel«-Autorin Colleen McCullough) geht es um die ungewöhnliche Romanze einer 40jährigen Geschäftsfrau und einem geistig leicht behinderten, aber sehr netten jungen Mann, der bei ihr aushilft. Nach und nach bringt sie ihm bei, wie man sich in der Welt zurechtfindet und verliebt sich schließlich in ihn. Doch es kommt nicht dazu, daß sie seine Naivität für ihre Bedürfnisse ausnutzt — im Gegenteil, zum Schluß sind auch seine Eltern schließlich mit der unselig scheinenden Allianz zufrieden. Die Kritik mochte den Film gerne und bekannte, daß er »gegen jede Chance doch noch funktioniert«. »Ein wenig zu sentimental« fanden ihn die meisten schließlich, aber im Großen und Ganzen überwog ein positiver Eindruck.

Mel Gibson und seine Filmeltern Alwyn Kurts und Patricia Evison wurden vom australischen Filminstitut für ihre Leistung mit Auszeichnungen bedacht. »Ein nachdenklicher junger Darsteller«, vermerkte die Presse, die zu diesem Zeitpunkt noch nicht wahrnehmen konnte, daß mit *Mad Max* eben dieser junge Mann bald Filmgeschichte schreiben würde. *Tim* wurde gedreht, noch bevor *Mad Max* ein Erfolg werden konnte. Piper Laurie, seine Partnerin in *Tim*, ahnte, welches Talent in Gibson noch schlummerte, und riet ihm, vorerst nicht nach Amerika zu gehen: »Dort bist Du auf der Stelle ein Star. Lerne erst noch ein bißchen hier am Theater.« Mel Gibson nahm den Rat der erfahrenen Oscar-Gewinnerin an und blieb in Australien – bis *Mad Max* als »Road Warrior« im zweiten Teil der Saga zurückkehrte.

1981 zog Mel erstmals in den Krieg – in dem Weltkriegs-Drama *Attack Force Z* spielte er eine der Hauptrollen. Zunächst *The Z Men* genannt, wurde der Film nach und nach zu einem Reinfall. Hätte Phil Noyce, der später *Dead Calm* und *Heatwave* inszenierte, den Streifen wie geplant gedreht, wäre vielleicht noch ein interessantes Werk daraus geworden, doch er wurde kurz vor Beginn der Dreharbeiten durch den unerfahrenen Tim

Burstall ersetzt, der des Themas nie richtig Herr wurde.

Eine US-Elite-Truppe, Mel Gibson, Sam Neill, John Waters und John Philip Law, die einen japanischen Wissenschaftler retten soll, der vielleicht mithelfen könnte, den Krieg zu verkürzen, muß auf ihrer Mission ein krudes und brutales Abenteuer nach dem anderen bestehen.

Mel spielte einen Offizier, der viel zu jung für seine Aufgabe war, und wurde von der Kritik dafür gelobt — denn gerade seine Unerfahrenheit spielte er eben hervorragend. Und als wenn es das Zeichen für seinen beginnenden Starruhm wäre — er war der einzige der glorreichen Helden in diesem Film, der die Schlußklappe überleben durfte.

In Interviews ist von diesem Film bei Gibson kaum mehr die Rede und in mancher Filmographie von Mel Gibson taucht das Werk gar nicht mehr auf.

Inzwischen war Peter Weir, der geniale australische Regisseur von *Picknick am Valentinstag* auf ihn aufmerksam geworden und verpflichtete ihn für *Gallipoli*, den großen epischen Film um zwei junge Australier, die im Ersten Weltkrieg in eine aussichtslose Schlacht geschickt wurden.

Danach meldete sich George Miller zurück, der in der Vorproduktionsphase von Teil II seines Märchens um Max Rockatansky war. Dieser Film nun mutierte zum mythologischen Comic-Strip, zur Endzeit-Vision, in der der Held nicht mehr aus privaten Motiven auf Gangsterjagd geht, sondern um die friedlichen unter den überlebenden Menschen mit Wasser und Benzin zu versorgen, damit diese eine neue Zivilisation begründen können. *Mad Max II* kostete sieben Millionen Dollar, ein Vielfaches des ersten Teils also, spielte dafür aber weit über 100 Millionen Dollar ein. Der wilde Max Mel Gibson hatte nun nicht mehr Star- sondern Superstar-Status. Die Leute auf der Straße identifizierten ihn mit dieser Rolle und kannten ihn von nun an. Es war der Moment, in dem ihm bewußt wurde, daß er ein Weltstar war. »Wenn jemand sagt, na Max, wie geht's, dann sag' ich: Gut Leute, und selbst?«

»Ich wußte, daß ich einmal großen Erfolg haben würde«, sagt er heute, »ich wußte bloß nicht womit. Aber daß ich meinen Weg gehen würde, das stand lange fest, bevor Leute mich ansprechen konnten.«

Die Zeit war gekommen, auch privat neue Wege zu gehen. Mel Gibson hatte inzwischen Robyn geheiratet, seine langjährige Freundin aus Sidney, und Kinder purzelten nach und nach in sein Leben. »Das Beste, was mir jemals passieren konnte«. Er freut sich darüber, mit seiner Jugendliebe Teile seiner eigenen Kindheit noch einmal neu zu inszenieren.

Heute haben die Gibsons sechs Kinder, die Tochter Hannah und fünf Jungs, die Zwillinge Edward und Christian, Will, Louis und Milo. Robyn ist eine Vollzeit-Mutter für die Kinder und interessiert sich überhaupt nicht für das Showbusiness. Daß Mel gut verdient, ist nützlich und nötig,

24

denn er möchte seine Familie immer um sich haben. Der Clan wird nämlich zu Dreharbeiten immer mit eingeflogen, und dann wird gegebenenfalls auch mal ein neues Haus gemietet oder gekauft.

*Ein Jahr in der Hölle*, wieder mit Peter Weir, zählte zu den großen Filmen von 1984. Zusammen mit Sigourney Weaver lieferte Gibson eine phantastische Leistung. Eigentlich wollte er zwischendurch immer wieder pausieren und sich seiner Frau und den Kindern widmen, doch die Angebote rissen nicht ab. Die Rolle des Meuterers Fletcher Christian in Roger Donaldsons Remake des Klassikers *Die Bounty* bedeutete einen neuen Einschnitt im Leben des Mel Gibson, denn danach verließ er Australien wieder, um endgültig in den USA Filme zu machen — schließlich hatte er ohnehin die ganzen Jahre einen amerikanischen Paß gehabt. Genaugenommen aber fühlte und fühlt er sich als Weltbürger. Er hatte schon Wohnungen in London, Tahiti, Toronto, Manila und Los Angeles. »Ich könnte meine Staatsbürgerschaft morgen verkaufen«, bekennt er unpatriotisch unamerikanisch. »Ich bin ein Weltbürger, der nirgendwo festsitzen will. Meine Philosophie ist, daß ich auf niemanden wie ein Bastard wirken will — im Gegenzug dafür hoffe ich, daß niemand auf der Welt für mich je ein Bastard sein wird.«

Obwohl er ständig die ganze Welt bereist, kennt er Heimatgefühle. Im Jahre 1985 kaufte er sich in Australien, ein paar Autostunden südlich von Sidney eine große Farm, die er allein mit sei-

25

ner Familie bewirtschaftet und die, wenn er und die seinen unterwegs sind, von Papa Hutton geführt wird. »Ohne große Mannschaft. Da bin ich der Rinderfarmer Mel Gibson und nicht der Filmstar. Den gibt's da gar nicht.« Und er fügt lachend hinzu: »Das ist mein Land. Da bin ich die Regierung. Ich mache auch die Gesetze, aber es gibt nicht viele davon. Wer sich morgens die Zähne putzt und vor der Arbeit zum Pinkeln geht, hat nichts zu befürchten.« Die Ranch mit 200 Rindern (nicht 800, wie viele Journalisten fälschlich schrieben) ist das Refugium des exzessiven Menschen Mel Gibson, der sich dort von der verführerischen Atmosphäre des ebenfalls exzessiven Fleckens Hollywood erholen muß. »Seit ich die Ranch habe, bin ich überhaupt nicht mehr in Gefahr, danebenzutreten. Ich brauche keine Angst mehr zu haben.« Eine kleine Farm in Montana und ein hübsches Haus in Los Angeles runden den heutigen Bestand von Mels Wohnsitzen ab.

Das Wechselspiel zwischen Weltstar und Familienleben verlief nicht immer reibungslos für ihn. Es kam der Moment, da hatte er plötzlich mehr Spaß am abendlichen Bier. Um ganz genau zu sein, trank er es nicht nur abends, sondern auch schon mal morgens vor der Arbeit. »Aber glauben Sie deswegen nicht alles, was Sie lesen. Ich habe ziemlich gesoffen. Doch ich war nur ein gesunder australisch-amerikanischer Junge, der sein Leben genießen wollte. Ich stand unter Druck und diesen Druck mußte ich loswerden. Das muß jeder und das muß ich auch heute noch. Nur daß ich es heute nicht mehr mit Trinken mache. Aber ich stand nie auf der Kippe, wie viele immer wieder schreiben.« Heute übrigens trinkt er so gut wie überhaupt keinen Alkohol mehr und hat sich sogar — was ihm schwerfiel, wie er gesteht, — das Kettenrauchen abgewöhnt.

In den USA drehte er sogleich *Menschen am Fluß*. Zusammen mit seiner Filmfamilie kämpft er als kleiner Farmer gegen die Naturgewalten und einen bösen Großgrundbesitzer. Mit dem Film *Flucht zu Dritt* erweiterte er seine Palette als Darsteller noch mehr. Er spielt einen Strafgefangenen, der die Frau eines Wärters verführt, um aus dem Gefängnis fliehen zu können. Vielleicht wollte er mit diesen Filmen vom Image des »Mad Max« loskommen.

Es hätte gelingen können, wenn ihn nicht George Miller auf eine weitere »Max«-Fortsetzung hin angesprochen hätte. Sein Film handelt vom Überleben der Zivilisation, Gibson spielte die Hauptrolle in der tiefschwarzen nihilistischen Endzeit-Komödie, die trotzdem voller Humor ist. Bei geeignetem Drehbuch will Mel Gibson sogar noch einem weiteren *Mad-Max*-Film zustimmen.

Doch zunächst erhielt er die Rolle, die ihn vom »Mad-Max«-Image befreite und ihm ein neues aufdrückte: Als einzelgängerischer Polizist Martin Riggs, der zusammen mit seinem älteren schwarzen Kollegen Roger Murtaugh auf Gangsterjagd geht, wurde er blitzschnell überall zum Begriff. *Lethal Weapon* heißt die Serie, in Deutschland

*Zwei stahlharte Profis*, von der inzwischen der vierte Teil in Vorbereitung ist und seit der er für jeden Film mindestens fünf Millionen Dollar Gage kassiert. Riggs und Murtaugh haben Drogensyndikaten den Kampf angesagt, die über Leichen gehen, über viele Leichen, so viele, daß auch von Seiten der Polizei keine Gnade angesagt ist. *Lethal Weapon* schlug im Kino ein wie eine Bombe, das ungleiche Paar und die knallharte Action des Streifens wurden zum Markenzeichen. Richard Donner inszenierte den Film virtuos und auch kompromißlos brutal.

Auch im nächsten Film gab es reichlich Action. *Tequila Sunrise* ist die Story eines Drogendealers (Mel), der einen alten Freund wiedertrifft. Nur: Der ist inzwischen Polizist und soll ihn einlochen. Und zwischen beiden steht, wie sollte es anders sein, eine schöne Frau, in Gestalt von Michelle Pfeiffer. Die Story war flach und kam nicht so gut an beim Publikum. Das wollte keinen Dealer, sondern einen, der von vornherein auf der guten Seite fightet — und es bekam ihn wieder: *Brennpunkt L.A. — Lethal Weapon II*, wieder von Richard Donner und mit immensem Aufwand produziert, wurde ein ebenso großer Erfolg wie der erste Film.

Gibson mußte sich von den Journalisten, die er angeblich nicht so gern mag, obwohl er selbst mal einer werden wollte, immer häufiger fragen lassen, warum er nun doch in Hollywood einen Film nach dem anderen drehe, nachdem er zuvor erklärt hatte, irgendwann nach Australien zurückgehen zu wollen, um dort filmisch zu arbeiten. »In

Hollywood dreht sich nun einmal alles um Film. Außerdem habe ich inzwischen so viel Mitspracherecht bei jedem Film, daß es mich wieder interessiert. Und ich mache doch ohnehin nur noch die Arbeit, die mir Spaß macht.«

So konnte er es sich auch leisten, den *Hamlet* zu spielen, den Traum fast jeden guten Schauspielers, noch dazu mit einem der großen klassischen Regisseure, Franco Zefirelli. Aus purem Spaß agierte er danach wieder in *Brennpunkt L.A. – Die Profis sind zurück/Lethal Weapon III*. Seitdem verfolgt er das alte Ziel, endlich selbst einmal einen Film zu inszenieren: *The Man With No Face*. Ein schwieriges Thema – aber für den Mann, dessen Charme aufblitzt, wenn er auftaucht, kein Problem.

Richard Donner, der Regisseur der »Lethal-Weapon«-Trilogie, brachte es einmal auf den Punkt: »Wenn Mel Gibson lacht, dann wird die Welt ein bißchen fröhlicher«.

Dieses Lachen, dieser Charme überträgt sich auf all seine Zuschauer und alle spüren, daß dieser Bursche ehrlich ist und es ernst meint. »Ich bin ein ehrgeiziger Mensch. Mein Ehrgeiz ist es, einen guten Job zu machen. Man darf nicht dauernd alles planen – das ist ein Fehler. Ich nehme es, wie's kommt.«

Bei dem Charme, der Ausstrahlung und den damit verbundenen Verlockungen ist es geradezu gespenstisch, wie natürlich Mel Gibson sein Familienleben weiterlebt und zwischendurch völlig davon absorbiert wird. In der Chaos-Fabrik Holly-

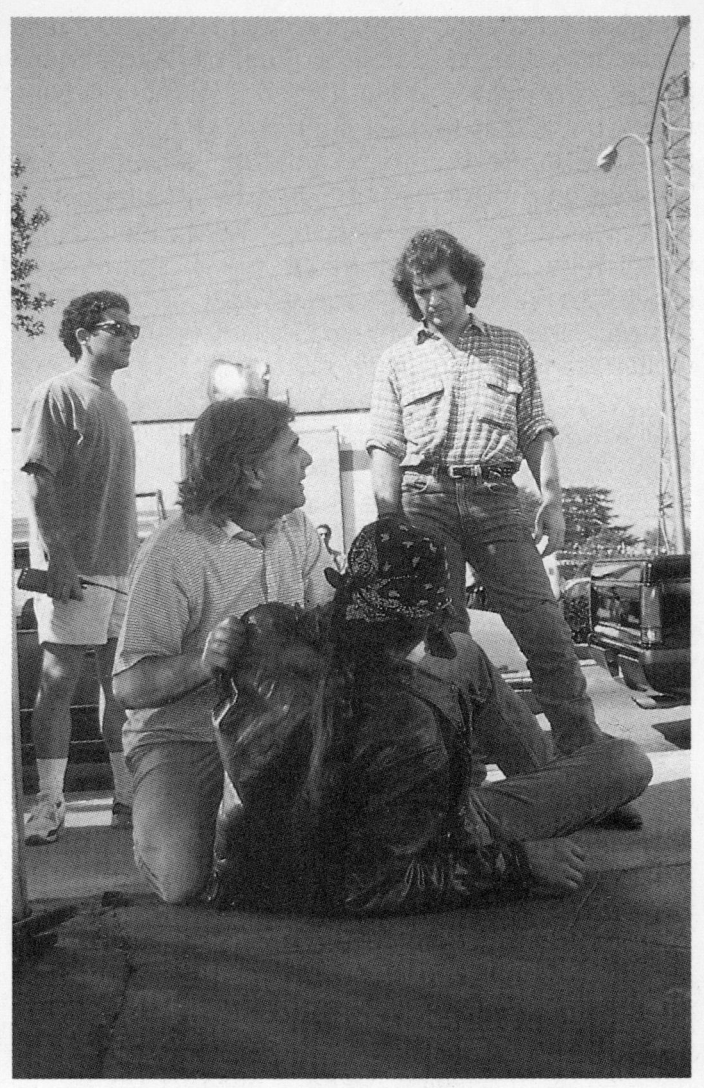

Richard Donner (kniend) und sein Star bei Dreharbeiten.

wood ist er beinahe der einzige, der nicht durch andauernde Affären, Scheidungen, und andere Skandale von sich reden macht. Ein bißchen Bier und jene etwas unglückliche Wahl zum größten Sex-Symbol Amerikas — das ist schon alles. Das Trinken und das Rauchen hat er sich abgewöhnt und was das andere angeht: »Das müßten Sie wirklich meine Frau fragen — ich bin ihr treu«, antwortet der sympathischste Superstar der Welt. »Wenn Sie mich zu einem Sexsymbol stilisieren wollen, bitte schön. Mich stört's nicht.«

# Das australische Wunder: Mad Max

Selten hat ein vergleichsweise kleiner Film wie
*Mad Max* so viel Echo hervorgerufen, selten hat
solch ein »kleiner« Film so viel Geld eingespielt,
selten auch hat ein Film derart polarisiert, daß die
Zunft der Starkritiker weltweit in zwei Lager gespalten wurde und noch nie zuvor kam ein solcher
Streifen aus dem vermeintlichen Filmentwick-
lungsland Australien.

Ausgerechnet ein junger Arzt aus Brisbane, der
später im Süden der australischen Metropole Sidney praktizierte, zeichnet dafür verantwortlich,
ausgerechnet einer, der nach seinem Medizinstu-
dium an der Universität von New South Wales
den Beruf des Unfallarztes angetreten hatte. Der
1945 geborene und im 400 Einwohner zählenden
Örtchen Chinchillas im australischen Queensland
aufgewachsene Dr. George Miller hatte irgendwann die blutige Arbeit an einem großen Krankenhaus satt, seine Arbeit, die hauptsächlich aus
dem Zusammenflicken der Opfer von häßlichen
Autounfällen bestand.

Dem befreundeten Filmkritiker Hans Christoph
Blumenberg erzählte er später: »Die Amerikaner
haben einen Waffenkult. Wir Australier haben

eine Art Auto-Kult. Auf unseren Straßen herrscht eine von der Gesellschaft akzeptierte Gewalt. An jedem Wochenende gibt es extrem hohe Unfallziffern. Auf diese Weise artikulieren wir unsere gewalttätige Natur. Wir haben endlose Straßen und weite Landschaften. Bei uns ist das Auto noch wichtiger als in Europa oder in den USA.«

Über die Opfer dieses Auto-Wahns also kam der Unfallarzt zu der Idee, einen Spielfilm über diesen Auto-Kult zu inszenieren. Seine heimliche Liebe nämlich galt schon seit langem dem Kino, für das er stets bereit war, seinen sicheren Job als Arzt aufzugeben. Schon als Kind besuchte er viele Vorstellungen des örtlichen Filmtheaters – Fernsehen gab es da »draußen« noch lange nicht. Seine weiteren Interessen galten Comics und dem Zeichnen von Cartoons. Nachdem die Eltern nach Sidney gezogen waren, studierten George

und sein Zwillingsbruder Medizin. Während ihres Studiums hatten sie Amateurfilme gedreht und dabei gelernt, worum es bei der Arbeit mit der Kamera ging. An Filmemachen im goßen Stil war anfänglich allerdings nicht zu denken, denn in »Down Under« war keine Rede von eben dem Action-Kino, das sich Dr. Miller erträumte. Eine Handvoll Filmemacher drehten zu dieser Zeit ausschließlich Autorenfilme, wie sie auch in Deutschland oder Frankreich zu finden waren, doch das entsprach nicht der Vorstellung von Miller und seinem Bruder.

Im letzten Studienjahr nahmen sie an einem Studentenfilmwettbewerb teil, sie drehten einen einminütigen Kurzfilm und gewannen prompt damit den ersten Preis. Bei dieser Gelegenheit lernte Miller auch Byron Kennedy kennen, den späteren Produzenten der *Mad-Max*-Filme. Gemeinsam mit ihrem Freund Philip Noyce drehten sie weitere Kurzfilme und waren wild entschlossen, auch in Zukunft interessante Projekte gegen den australischen Autorenfilm durchzusetzen. Aus »Sicherheitsgründen« brachte Miller aber sein Studium zu Ende und begann, als Arzt zu praktizieren.

Jede freie Minute allerdings wurde für die Filmarbeit genutzt, auch die Ferien gingen für den »Nebenjob« drauf. Im Jahre 1972 erregte der erste Kurzfilm der beiden Aufsehen: *Violence in the Cinema* (*Die Gewalt im Kino*) parodierte in 14 Minuten das Thema Kino-Gewalt und gewann mehrere Preise des australischen Filminstituts, außerdem wurde er auf Kurzfilm-Festivals rund um die Welt gezeigt, zum Beispiel beim Filmfestival in Moskau. Das nächste gemeinsame Projekt von Kennedy und Miller war die Produktion des Films *The Devil in Evening Dress*, eine Art »Phantom der Oper«, das angeblich das Theater in Melbourne heimgesucht haben sollte. Das Drehbuch zu diesem Film schrieb übrigens der Schauspieler Frank Thring, der Jahre später in dem Miller-Film *Mad Max III — Jenseits der Donnerkuppel* eine wichtige Rolle spielen sollte. George Miller erwies sich als der kreative Motor im Team Noyce, Kennedy und Miller.

Miller hatte eine Handvoll Drehbücher in Planung, darunter jene durch seine Arbeit im Krankenhaus inspirierte Autogeschichte. Während dieses Dienstes entstand die Idee von dem jungen Polizisten Max Rockatansky, der in einer unwirtlichen Welt gezwungen wird, das Gesetz in die eigenen Hände zu nehmen. Miller beschrieb diese Welt damals so: »Australien, in der nahen Zukunft. Die urbane Gesellschaft befindet sich in einem Zustand von fortgeschrittenem Verfall. Die Überlandstraßen sind zu Alpträumen aus Asphalt geworden: die Arena für ein seltsames, apokalyptisches Todesspiel zwischen streunenden Motorrad-Gangs und einer kleinen Schar junger Polizisten in hochgezüchteten Verfolgungs-Wagen«.

Doch bevor eine solche Idee auch nur im Ansatz eine Chance auf Verfilmung haben konnte, mußte Geld gefunden werden, schließlich war klar, daß amerikanische Erfolgsproduzenten nicht auf einen Doktor aus Sidney warteten. Also packte man das Unternehmen selbst an. Byron Kennedy wollte den Film auf jeden Fall selbst produzieren — eine Entscheidung, die dem Team noch viele Jahre die erforderliche künstlerische Freiheit garantierte. Etwa 400.000 australische Dollar wurden veranschlagt und in mühsamer Kleinarbeit wurde das Geld aufgetrieben. Miller, Kennedy und Noyce drehten jeden eigenen Penny dreimal um und pumpten Arbeitskollegen und Verwandte um Geld an. So kam es, daß eine ganze Gruppe von Leuten schließlich Anteile am Endergebnis hielt.

Nun mußte noch ein Hauptdarsteller gefunden werden, einer, der hervorragend den Protagonisten Rockatansky spielen konnte, und natürlich einer, der billig war. Gute, billige Darsteller gab es am NIDA, an der nationalen Schauspielschule. Dort sahen sich Miller und Kennedy eine Reihe von Filmen an, in denen Schüler der Schule gespielt hatten, darunter auch ein mieses kleines Filmchen namens *Summer City*. Dort fiel ihnen ein blasser Junge auf, von dem sie meinten, daß es sich zumindest lohnen könnte, ihn anzusehen. Man lud ihn — neben einigen anderen — zum Vorspielen ein, und obwohl er, wie gesagt, offensichtlich die Nacht durchgezecht hatte, auch einige Schrammen von einer Prügelei im Gesicht hatte und eher ins Bett gehört hätte, hinterließ er einen nachhaltigen Eindruck auf die jungen Herren, die vorhatten, mit dem neuen australischen Film ganz groß herauszukommen. Der Junge wurde engagiert und entpuppte sich als Glücksgriff — Mel Gibson.

Max Rokatansky, »Mad Max«, hatte also nun auch menschliche Konturen. Die Dreharbeiten begannen im australischen Sommer, also im November 1977 in der Nähe von Melbourne. Es ging daneben, was daneben gehen konnte, denn ein unerfahreneres Filmteam hatte Australien bis dahin wohl kaum gesehen. Die Hitze war fürchterlich, die Hauptdarstellerin brach sich ein Bein und natürlich ging das Geld schnell aus. Die Dreharbeiten wurden unterbrochen und konnten erst im April 1978 fortgesetzt werden.

Irgendwie gelang es dann doch, den Film fertigzudrehen, auch wenn Miller und Kennedy die komplette Nachbearbeitung, also besonders den Filmschnitt, selbst machten und auf Fachkräfte verzichteten — Spezialeffekte gab es aus Geldgründen ohnehin keine. Und noch während dieser Schnittarbeiten konnte es geschehen, daß Dr. Miller zum Noteinsatz gerufen wurde, denn er mußte seinen Job als Arzt wieder aufnehmen, um überhaupt das Nötigste zum Leben zu haben und wenigstens einen Teil der Kredite abzubezahlen. Doch hier zunächst einmal die Film-Story:

Australien, einige Jahre in der Zukunft. Die Straßen sind ein Alptraum aus Gewalt und Schrott — die apokalyptische Vison einer immer weiter zerfallenden Welt. In der endlosen Einöde liegen einige armselige Dörfer und ein Justizpalast, dessen Ruinen signalisieren, daß Recht und Ordnung in dieser Welt große Probleme haben. In diesem moralischen Niemandsland, in dem die Grenzen zwischen Gut und Böse verwischen, gilt das Recht des Stärkeren. Wer das schnellere Auto oder die besseren Waffen hat, überlebt — die anderen müssen sterben. In solcher bürgerkriegsähnlichen Atmosphäre kämpft eine Truppe knallharter Polizisten der »Main Force Patrol« gegen eine Bande marodierender Motorradfahrer. Die Motorrad-Gang liefert sich mit Relikten aus der Zeit, in der es noch Gesetze gab, einen brutalen Kampf. Unbeteiligten, die sich in das Terrain der Gang vorwagen, ergeht es schlecht: sie werden verprügelt, vergewaltigt, ermordet, geschändet. Die Cops werden angesichts der ungezügelten Brutalität ebenfalls immer grausamer — es herrscht der totale Krieg.

Doch da ist einer unter den Cops, der einen Rest von menschlicher Regung und Vernunft in sich hat: Max Rockatansky. In einer der dramatischen Verfolgungsjagden hat er den Tod des Anführers der Gang, Nightrider, verursacht. Dessen Nachfolger Toecutter, ein ultra-rabiater Motorradfahrer, und sein Partner Johnny schwören, Nightrider zu rächen. Als in diesem Rachekampf Max' Freund Jim, der erbarmungsloseste Feind der Gang, getötet wird, will Max aussteigen. Er begreift, daß außer dem Tod hier nichts mehr lauert. Sein Chef beschwört ihn zu bleiben, aber Max zieht mit seiner Familie davon und verbringt mit Frau und Tocher einige wenige glückliche Tage. Doch der Krieg holt ihn auf schreckliche Weise ein: Die Gang spürt ihn und seine Familie auf und ermordet Frau und Kind bestialisch auf offener Straße. Max überlebt — allein mit seiner Rache zieht er die Ledermontur wieder an, setzt sich ans Steuer seines 600-PS-Wagens und wirft die allerletzte Achtung vor Recht, Gesetz und menschlicher Regung über Bord. Auge um Auge, Zahn um Zahn — er spricht das Urteil über die einzelnen Mitglieder der Gang und vollstreckt es mit eisigem Gesicht. Am Schluß hat keiner der Motorradfahrer überlebt.

So knapp wie die Story hier erzählt wird, so dicht ist die Atmosphäre in George Millers erstem großen Spielfilm, der sich vor allem durch die Detailaufnahmen und hervorragende Verfolgungsfahrten (für die eigens australische Rennfahrer verpflichtet wurden) auszeichnet. »Du wirst einmal ein reicher Mann« prophezeite ihm Richard Franklin, ein befreundeter junger Regisseur (*Patrick*), als er die ersten Sequenzen von *Mad Max* am Schneidetisch sah.

»Der Film hat die Moral von 'Mein Kampf'«, argwöhnte der australische Kritiker Philip Adams (der später Präsident der australischen Filmkommission wurde) angesichts der dargestellten Gewalt in diesem Film, die viel kritisiert wurde. Das Thema der Lynchjustiz stieß den Hütern der Moral besonders auf, und man verdammte den Film in kritischen Texten »als mindestens ebenso fragwürdig wie *Dirty Harry*«. Doch wer den Film wirklich gefährlich fand, hätte ihn besser totgeschwiegen, denn so sorgten gerade die negativen Resonanzen dafür, daß das Werk eine geradezu unglaubliche Verbreitung, blitzschnell auch über die Grenzen Australiens hinweg, erfuhr. Binnen eines Jahres war *Mad Max* zum erfolgreichsten australischen Film aller Zeiten geworden, und von nun an war im Filmland »Down Under« nichts mehr so, wie es einmal war. Die Düsternis dieser Endzeitvision, das Brechen mit jedweden Normen, das anarchisch-komische Moment war zwar Science-fiction, doch es bewegte zutiefst. Niemand mochte auch nur daran denken, daß so etwas jemals Wirklichkeit werden könnte.

Das deutsche Nachrichtenmagazin »Der Spiegel« beschrieb den Film als »kaltschnäuzigen, primitiven Live-Comic, verblüffend allein durch die Sorglosigkeit, mit der er Vorgänger und erfolgreiche Genres plündert« und bedauerte gleichzeitig die »bedenkliche Zustimmung vieler Cineasten, die ihn zum neuen Kultfilm ausrufen möchten.« — *Mad Max* macht Schluß mit moralischen Skrupeln«, schloß diese Kritik, »und plädiert am Ende ummißverständlich für Lynch-Justiz.« Andere Kritikerpäpste hingegen sahen »Mad Max« als »sinnliche Erfahrung, wie sie nie zuvor im Kino zu sehen war«, als »geniale Fingerübung eines noch genialeren Regisseurs« und teilten mit diesem Regisseur die Meinung, daß »wir uns mit diesen Filmen an dunkle Orte begeben, und uns zusammen mit fremden Menschen etwas da oben auf der Leinwand anschauen, das aus dem kollektiven Unterbewußten kommt. Das also geben die gewalttätigen horrorartigen Filme der Gesellschaft: Sie gestatten den Menschen, ihren dunklen Seiten zu begegnen, diese Art von Erfahrung zu machen.«

Dennoch — die Freunde des Regisseurs sehen manches Detail seines kinematographischen Perfektionismus nicht ohne eine gewisse Distanz. Phil Noyce sagte einst: »George liebt das Kino so hemmungslos, daß er sich um ideologische Belange überhaupt nicht kümmert. Das ist für uns andere Regisseure nicht immer einfach, weil wir auch Filmpolitik machen. Für ihn geht es nur um den Thrill — er kennt die Regeln des Kinos genau.« George Miller selbst übrigens legte Jahre nach dem Erfolg dieses Films etwas von dieser Distanz an den Tag, als er anläßlich des dritten Teils sagte: »Weil man Max' Familie tötete, gerät er auf die dunkle Seite. Das ist letztlich sehr nihilistisch. Auch die andern Filme beginnen so, aber am Ende zeichnen sich bei Max doch Züge großer Menschlichkeit ab.«

Mit seiner filmischen Ikonographie zeigt Miller den Menschen nur, wie düster die Welt schon ist und um wieviel düsterer sie noch werden kann — der Vorwurf, der Film wirke »nicht aufklärerisch und entlarvend«, zieht damit nicht, denn das Gegenteil ist der Fall. Die Ära nach *Mad Max* war voll von solchen Filmen, die Welt zerfiel weiterhin und angesichts des Golf-Kriegs über die Moral eines *Mad Max* zu räsonnieren, erscheint eher überflüssig. Und wer heute noch den Faschisten in Rockatansky ausmachen will, der soll ihn lieber in den Skinheads suchen, die weltweit die Asylsuchenden in ihren Ländern ermorden.

Von Anfang an polarisierte der Film die Meinungen der Kritiker extrem, jedoch auch die negativsten unter ihnen beschrieben mit Lust am Detail, wie perfekt eben das, was man sich besser nicht antun sollte, inszeniert sei und trieben damit Scharen von Menschen in den Film. Zusammen mit den natürlich durchaus kommerziell interessierten Filmemachern und PR-Managern schufen sie einen Mega-Erfolg: *Mad Max* spielte bis heute ein vielhundertfaches seiner Produktionskosten wieder ein und jene, die von Miller und Kennedy mit nur ein paar tausend Dollar an dem Werk beteiligt worden waren, konnten sich über ein hervorragendes »Return« freuen — letztlich haben sie auf diese Weise mit dazu beigetragen, daß Miller in den Fortsetzungen das allzu pessimistische Bild seines Protagonisten aufmöbeln konnte und ihm sogar Güte und Mitleid einhauchte...

Über die Leistung des Hauptdarstellers von *Mad Max* bestand von Anfang an ohnehin weitgehend Einigkeit: Mel Gibsons Spiel wurde als »atmosphärisch dicht« gelobt, seine Umsetzung eines »Comic-Carakters« auf die Leinwand sei »gelungen«, und man erkannte seine Qualitäten als Action-Star. Er selbst hatte eine Menge Spaß bei den Dreharbeiten, »wenn auch vieles noch unglaublich chaotisch ablief«. Er hatte schnell erkannt, daß er eine stoische Kunstfigur spielen mußte: »Das war nicht schwer, ich könnte selbst so sein, wenn auch nicht mit allen Facetten«. Zur Moral des »Mad Max« befragt, antwortet Fami-

lienvater Gibson: »Er hat seinen eigenen Moralko-
dex, begründet durch die Zeit, in der er lebt. Ich
habe deshalb nie schlecht geschlafen«.

Als die Rolle in den Fortsetzungen weiterent-
wickelt wurde, bezeichnete er den »Mad Max« als
einen »Menschen mit Überlebensinstinkt, der
sich dennoch Gefühl bewahrt hat.«

Wie immer man heute *Mad Max* bewertet — es
steht fest, daß der Film Australien aus seiner kinematographischen Lethargie befreit, George
Miller in die »Hall of Fame« der Regisseure kata-
pultiert und den Darsteller Mel Gibson mit rasan-
tem Tempo vom nationalen zum internationalen
Star gemacht hat. Gibsons nächster Regisseur
war zwar wieder ein Australier, aber einer der Besten überhaupt: Peter Weir wollte mit ihm zusam-
menarbeiten und *Ein Jahr in der Hölle* mit ihm
drehen.

# Die Arbeit mit Peter Weir: Gallipoli und Ein Jahr in der Hölle

Wenn Mel Gibson sich heute ein neues Filmprojekt aussucht, dann schaut er es sich vorher ganz genau an. »Ich habe immer meine Rollen sehr vorsichtig ausgewählt, sagt der Darsteller in Interviews, »vielleicht vom Anfang meiner Laufbahn abgesehen. Aber da lernt man eben. Du mußt dir ein paar Mal die Finger verbrennen. Heute kann ich auf jedes Projekt ganz voller Emotionen schauen und zusehen, wie es mich anfliegt. Um ein Drehbuch wirklich zu mögen, muß ich es vielen anderen Dingen in der Welt vorziehen — nur dann bedeutet es etwas. Ich habe keineswegs eine Vorstellung, was ich machen würde oder was ich gar nicht mögen würde. Sagen Sie mir eine Idee und ich sage, daß ich sie absolut schockierend finde. Aber wenn ich dann das Drehbuch lese und eine Weile drüber nachdenke, dann finde ich es vielleicht aufregend. Oder anders herum: Es kam schon vor, daß ich ein Script langweilig fand und die Idee dazu Spitze. Es hängt auch viel davon ab, wann man so ein Drehbuch liest, in welcher Stimmung man da gerade ist.« *Attack Force Z* im Jahre 1980 war so ein Film, den er in späteren Jahren bereute und den er im Grunde nur gemacht hatte, um überhaupt beschäftigt zu sein.

Ganz anders dagegen erging es ihm mit seinem nächsten Film, *Gallipoli* von Peter Weir, der wie *Attack Force Z* ein Kriegsfilm ist und Mel Gibson am Ende ebenfalls als Überlebenden zeigt. Doch was für ein Film ist *Gallipoli* tatsächlich! Er führt uns zu einem der düstersten — und opferreichsten — Momente australischer Geschichte, in dem Zehntausende junger australischer und neuseeländischer Soldaten gefallen sind. Und in der Tradition von Lewis Milestones klassischem Epos *Im Westen nichts Neues* ist auch Peter Weirs *Gallipoli* ein Anti-Kriegs-Epos im besten Sinne des Wortes, denn hier wird die Sinnlosigkeit dieses Opfergangs deutlicher als in vielen anderen Filmen, in denen doch nur voyeuristisch die latente Lust am Geschäft mit dem Tod bedient wird. Die Story ist folgende:

1915, auf einer Farm mitten in der gigantischen Weite Australiens, trainiert der alte Jack seinen Enkel Archie. Der Halbwüchsige ist einer der besten Sprinter in der ganzen Gegend, und Jack ist sicher, daß er eines Tages auf großen internationalen Turnieren mitlaufen wird. Jacks eigene Art, den Jungen zu trainieren, nämlich in beschwörendem Singsang auf ihn einzuwirken und ihm dabei zu suggerieren, daß er schnell wie ein Leopard sein kann, funktioniert: Der Junge ist heiß darauf, alle Rennen zu gewinnen. Doch es gibt etwas, dessen Anziehungskraft noch stärker ist als die Macht des Sports — der Krieg. Die Zeitungen in

Australien berichten von den Heldentaten der Truppen des Landes, die fern der Heimat am Ersten Weltkrieg teilnehmen. Und Gallipoli, der Name der türkischen Dardanellenfestung, ist da immer wieder zu lesen. Dorthin, wo sich Australier und Neuseeländer mit den Türken erbitterte Gefechte liefern, wollen jetzt viele ... Wie erwartet, gewinnt Archie das nächste große Rennen. Doch ein anderer Mann hätte ihm beinahe den Sieg streitig gemacht — Frank aus Perth, im fernen Westen Australiens. Schnell stellt sich heraus, daß auch er an Australiens Triumph in der Welt teilhaben will. Gemeinsam wollen sie aufbrechen. Doch vorher müssen sie noch ein Problem lösen, denn Archie, der sich sofort bei einem Rekrutierungskommando verpflichten will, ist zu jung, um in den Krieg zu ziehen. So macht er sich mit Frank auf den Weg nach Perth, um mit ihm von da in den Kampf zu ziehen.

Vieles geht schief auf dem Weg dorthin, und es fehlt nicht an Warnungen, was der Krieg wirklich bedeutet — doch die Vorstellung, an einem historischen Ereignis teilzunehmen, ist stärker. Nach einer Reihe von Abenteuern gelingt es den beiden Athleten, als Meldeläufer in die Elite-Einheit der »Lighthorse« aufgenommen zu werden — und schon bald darauf erhalten sie den Einsatzbefehl nach Gallipoli. Dort werden sie schnell in einen entsetzlichen Grabenkrieg verwickelt — und anstelle von Sieg und Ruhm erwarten sie Tod und zusätzlich die Gewißheit, daß dieser Tod vollkommen nutz- und sinnlos ist.

Die Schnelligkeit der beiden wird zum entscheidenden Faktor auf dem Schlachtfeld, die sportive Auseinandersetzung von Leichtathleten wird dort zu einer Sache auf Leben und Tod. Die Stoppuhr wird zum strategischen Mittel, die Zeit zum Instrument der Kriegsführung: Frank muß zum Beispiel im dramatischen Höhepunkt des Films eine Botschaft überbringen, von der das Leben einer ganzen Kompanie abhängt.

Zwischen den verbrüderten Briten und Australiern herrscht gewaltiges Mißtrauen — und tatsächlich werden die Australier von den stolzen Kolonialisten als billiges Kanonenfutter verheizt. So wird Gallipoli, jener Name, den die beiden vorher kaum aussprechen konnten, keineswegs der mythische Ort, an dem sie vom Kind zum Manne reifen, und erst recht nicht zum Schauplatz eines exotischen Abenteuers in einer fernen Welt, in der ein Australier sonst nichts zu suchen hat.

So sehr sich zwischen Archie und Frank echte Freundschaft entwickelt, so sehr unterscheiden sich die beiden auch. Während der eine, Archie, noch lange an die romantischen Ideale hinter diesem mörderischen Abenteuer glaubt, spürt Frank schneller die grausame Realität des Krieges und wie wenig wichtig sie für seinen Reifeprozeß ist. Und wo Archie zum Schluß mitten in den Kampf hineinläuft, um als ganzer Mann in dieser Sache aufzugehen, steht Frank gleichsam parallel zum Kampf. Archies Idealismus kostet ihn das Leben. Franks Pragmatismus erweist sich als einzige Chance zum Überleben.

Frank-Darsteller Mel Gibson über seine Figur: »Dabei ist er kein Feigling — er hat nur einen starken Überlebenswillen. Ich mußte vielen Leuten nach diesem Film klarmachen, daß jeder in einer solchen Situation Todesangst hätte und daß man sich danach nicht sagen lassen darf: ›Feigling, ich hasse dich‹. Das mußte glaubwürdig dargestellt werden, und hier hatte ich als Schauspieler eine große Verantwortung.« Und er fügt hinzu: »Frank ist ein tapferer Mann — immer wenn es darauf ankommt und wenn er ohnehin keine andere Wahl hat. Wenn man mit dem Rücken zur Wand steht, dann muß man sich irgendwie freiprügeln. Frank kann das.«

Mel Gibson beklagte in einem Interview mit Margaret Smith, daß viele Leute doch lieber einen breitangelegten Film über die Schlacht von Gallipoli gehabt hätten, als die intensive Studie über australische Jugendliche, die Regisseur Weir aus dem Thema gemacht hatte: »Es war ein Film über den ersten großen Weltkrieg, die Zeit, in der sich das Denken der Menschen für immer veränderte. Es war ein Film über den Tod der Unschuld im Menschen.« Und er wurde philosophisch: »Das Ausmaß des Bösen in der Welt ist einfach phänomenal und mit diesem Krieg wurde das erstmals klar. Die Leute reden über die dunklen Zeiten, das Mittelalter, aber im Ersten Weltkrieg ging man raus und hat eine Schlacht wie bei einem Schachspiel absolviert. Diese Burschen in Gallipoli waren eine Art Ritter in glänzenden Rüstungen. Die Leute sagen ›Unfug‹. Das würde doch niemand

machen‹. Aber sie haben es gemacht. Es ist die
alte Welt und die Leute heute sind zu kompliziert,
um das zu verstehen. Das regt auch die Kritiker
auf, ich selbst scheiß' auf die Kritiker, die sehen
das einfach so. Frank Dunn ist ein Typ, der überlebt hat und nur die sehen wir heute um uns
herum. Frank repräsentiert die moderne und auch
komplizierte Welt — Archie dagegen ist auch nicht
dumm, aber unkompliziert und reinen Herzens.
Der marschiert los und stirbt, weil er an etwas
glaubt.«

Regisseur Weir also rechnet mit dem Helden-
tum auf seine Weise ab. Während Mark Lee als
Archie einen ehrenhaften Tod stirbt, ist Gibson
als Überlebender Frank Gewinner auf ganzer Linie: Seine Menschlichkeit und sein Charisma

Mel Gibson mit dem australischen Regisseur Peter Weir.

überwiegen schließlich die hehren Momente und zeigen einmal mehr, zu welch hervorragenden darstellerischen Leistungen der junge Schauspieler fähig ist. Für *Gallipoli* erhielt er — zum zweitenmal nach *Tim* — den Preis des australischen Filminstituts für die beste darstellerische Leistung. Der Film selbst erhielt übrigens insgesamt sieben Auszeichnungen: bester Film, bester Darsteller, Regisseur, Kamera, Drehbuch, Schnitt und Ton. Das Produzenten-Duo Robert Stigwood und Rupert Murdoch, ein Schallplattenproduzent (»The Bee Gees«) und Zeitungsverleger (heute 20th Century Fox), aus Australien hatten mit diesem Film versucht, dem Kinofilm ihres Heimatlandes weltweit wieder Anerkennung zu verschaffen.

Peter Weir, jener begabte Regisseur, der zuvor ebenso großartig wie sensibel *Picnic At Hanging Rock* (»*Picknick am Valentinstag*«) gedreht hatte, erschien ihnen — zu Recht — als beste Wahl für die Verfilmung des Drehbuchs von David Williamson.

Mit ihren Kontakten zum US-Großstudio Paramount sicherten sie dem Werk einen globalen Filmstart.

Die Rechnung der beiden Medien-Tycoone ging auf und *Gallipoli* übertrumpfte *Mad Max* als erfolgreichsten australischen Film aller Zeiten — allerdings nur bis *Mad Max II* in den Kinos angelaufen war, wie wir sehen werden.

*Gallipoli* trug wesentlich mit dazu bei, Mel Gibsons Ruf als hervorragender Darsteller bei einem größeren Publikum, einem anderen als dem *Mad-Max*-typischen Publikum, zu verstärken — er war plötzlich jemand. Mit seinem nächsten Film dann wurde er endgültig zum Star: *Mad Max II – Der Vollstrecker*. Da dieser Film so entscheidend für seine Karriere war, haben wir ihm einen speziellen Abschnitt in diesem Buch gewidmet.

Nach *Mad Max II* meldete sich wieder Mel Gibsons alter Freund Peter Weir, der den sympathischen Star unbedingt für seinen neuen Film gewinnen wollte. *Ein Jahr in der Hölle* (*The Year of Living Dangerously*) sollte ein viel ruhigerer Film werden als *Mad Max*, kein »Anschlag auf die Sinne«, wie Gibson solche Filme selbst nennt.

»Mit meinen Filmen bin ich stets auf der Suche nach irgendetwas«, beschreibt Peter Weir seine Ansicht vom Filmemachen. »Während der Arbeiten denke ich darüber oft gar nicht bewußt nach, aber es ist so. Ich stelle so oft fest, wenn ich mich mit irgendetwas befasse, daß die Realität, wie sie für alle scheint, oft nicht stimmt, zu viele Löcher hat. Und ich versuche dann irgendwie, diese Löcher zu füllen.« Die Löcher im Bild des westlich orientierten Menschen zum Thema Indonesien waren und sind groß – die Mischung aus Wundern, Mythen, Geheimnissen und Gefahren ist dem Europäer irgendwie bekannt und wieder auch nicht. Und wenn eine solche Welt in die politischen Machtfelder gerät, die die ganze Welt erreichen, wird sie für einen Peter Weir besonders interessant und er versucht, Facetten davon mit einem seiner Filme zu beleuchten. Die Story von »Ein Jahr in der Hölle«:

Indonesien, 1965: Guy Hamilton ist ein Journalist für ABS, den »Australian Broadcasting Service«, der in Djakarta eintrifft, dem Ort seines ersten Auslands-Auftrags. Zunächst ist er verwirrt von der Fremdheit der Situation und der völlig ungewohnten Umgebung. Die Leute am Flughafen fordern ihn und andere aus dem Westen lauthals auf, wieder zurückzukehren. Er wird vom zwergenhaften Billy Kwan begrüßt, einem Kameramann für den Sender, der Guy mit Indonesien vertraut macht. Gemeinsam laufen sie durch die Slums von Djakarta und werden von einer Gruppe ausgemergelter Bettler angesprochen. »Was nun«, fragt ihn Billy und er antwortet typisch journali-

Mel Gibson als Guy Hamilton.

stisch: »Wir können es uns nicht leisten, da hineingezogen zu werden«.

Doch Billy erwartet mehr von Guy — warum kann er nicht einer der Revolutionäre sein, die diesem geplagten Land vielleicht helfen? Er selbst ist durch seine Körpergröße gehandicapt, hat eine chinesische Mutter und war als Kameramann immer gewohnt, seinen Chefs zu dienen. Das macht ihn zu einem Menschen, der sich mit den geplagten Indonesiern identifizieren kann. Eines Tages zieht er sich sogar wie Sukarno an, jene »Stimme der dritten Welt«, die politische Größe der Region, der es vermeintlich gelingt, das rechte und linke Spektrum gefühlvoll auszubalancieren. Billy arrangiert einen wichtigen politischen Coup für Guy, indem er ihm ein Interview mit dem Vorsitzenden der Indonesischen Kommunistischen Partei PKI vermittelt.

Darüberhinaus arrangiert er ein Zusammentreffen zwischen Guy und Jill Bryant, einer Angehörigen der britischen Botschaft. Jill ist nicht an einer flüchtigen Beziehung interessiert — sie weiß, wie schnell die Behörden Botschaftsmitglieder ausweisen. Doch Billy hält die Fäden auch der Geschicke von Jill und Guy fest in der Hand, und so kommt es zu einer ernsthaften Romanze zwischen den beiden.

Eines Tages ignoriert Guy eine Warnung von Jill und verfolgt ein geheimes Telex weiter, in dem es um eine Ladung Waffen für die PKI geht — und erfährt von Kumar, einem Fahrer seines Senders, der Mitglied der PKI ist, daß er selbst auf der

Todesliste der PKI steht. Die Spannung in Djakarta wächst schnell und auch Billy Kwans Liebe zu seinem Idol Sukarno wird brüchig, als er den Herrscher mit dem Tod eines Kindes in Verbindung gebracht sieht. Er schließt sich dem aktiven Protest gegen den Präsidenten an, von dem er nun keineswegs mehr überzeugt ist – und dieser Protest wird ihm schließlich zum Verhängnis.

Auch seine Freunde aus dem Westen können ihm nun nicht mehr helfen – für sie bleibt nur noch die Flucht aus Indonesien. Guy stimmt zu, mit dem letzten erreichbaren Flugzeug das Land in Begleitung von Jill zu verlassen, doch zuvor gerät er in die Wirren eines augenscheinlich kommunistischen Putsches und wird bei seinem Versuch, den Präsidentenpalast zu erreichen, von Soldaten so zusammengeschlagen, daß er in Gefahr gerät, ein Auge zu verlieren. Kumar findet ihn am nächsten Morgen und gerät dabei selbst auf die Todesliste seiner ehemaligen Gesinnungsgenossen. Guy beschließt, den Durchbruch zum Flughafen zu wagen, auch wenn ihn das wahrscheinlich das Auge kostet. Er schafft es in allerletzter Sekunde – obwohl er dabei seine kompletten Tonbandaufzeichnungen und damit seine Story verliert, – Jill und das rettende Flugzeug zu erreichen.

Einige Kritiker dieses Films, speziell ein amerikanischer Presse-Korrespondent, der selbst dabei war, als das alles passierte, stürzten sich auf Fehler und historische Unrichtigkeiten an diesem

Film. Doch sie haben dabei eines vergessen: Peter Weirs Film nimmt nicht für sich in Anspruch, ein Dokumentarfilm zu sein. Ebenso wie das Buch, nach dem er gedreht wurde (der gleichnamige Roman von C. J. Koch), ist er ein Werk reiner Fiktion. Als ihm das Buch als Kriegsreportage vorgestellt wurde, lehnte Weir es zunächst ab, das interessiere ihn nicht. Doch als er es gelesen hatte, spürte er, daß viel von seiner Vorstellungswelt in dieser Geschichte lebte, und so freundete er sich langsam mit dem Gedanken an, den Stoff doch zu verfilmen. Übrigens — zuvor hatte jahrelang Francis Coppola darüber nachgedacht, die Story zu verfilmen, jener Coppola, der mit *Apocalypse Now* ebenfalls »keinen Dokumentarfilm über Vietnam« drehen wollte.

*The Year of Living Dangerously* (Ein Jahr gefährlich leben; Originaltitel) ist das Zitat einer Rede des indonesischen Präsidenten Sukarno, der bis heute eine zwielichtige Rolle in der Geschichte seines Landes spielt. Und man weiß noch immer nicht genau, wer hier manipulierte und wer manipuliert wurde, man kann die Verräter nicht von den Partisanen unterscheiden, die Guten nicht von den Bösen. War der Putsch gegen oder für Sukarno? Heute, über 20 Jahre nach den Ereignissen und nachdem der Kommunismus endgültig bewiesen hat, daß er in den Händen fast aller Politiker schlecht aufgehoben war, fällt einem das Urteilen vielleicht leichter...

Überhaupt keine Ahnung, worum es ging, hatte jedenfalls Journalist Guy Hamilton, dargestellt von Mel Gibson. »Was ist los hier, was will der Zwerg? Es geschehen einfach Dinge, aber warum, wieso?«, fragt sich Guy, der mitten ins kalte Wasser geworfen wird und dort jeder Manipulation, so scheint es, schutzlos ausgesetzt ist. Politisch hat Hamilton tatsächlich kaum etwas zu melden, das besorgt Billy Kwan für ihn, aber als Mann, als Reporter, braucht er sich nicht reinreden zu lassen. Gibson: »Journalistische Karriere gegen Liebesaffäre — das ist doch ein gutes Thema für einen Film. Und Manipulation. Ein Puppenspieler wie Sukarno, der mit seinem Land jongliert und die gleiche Story noch einmal im kleinen: Billy Kwan, der Hamilton, Jill und die anderen nach seiner Pfeife tanzen läßt. Und: Beiden wird ihre eigene Schwäche schließlich zum Verhängnis.« Und so spielt es tatsächlich keine Rolle, ob dieses Lehrstück nun wirklich in den Details so geschah oder hätte geschehen können.

Mel Gibson sagte 1983 zu Margaret Smith: »Es ist einer der Filme, von denen ich glaube, daß man sie ohnehin nicht beim ersten Ansehen begreifen kann. Das Politische ist mit den menschlichen Beziehungen verbunden und das macht es so interessant.« Und zum Aspekt des westlichen Menschen in der ungewohnten Umgebung bemerkte er: »Wenn sie in solche Situationen kommen, müssen sie das erst einmal wollen, das heißt, sie entscheiden selbst, dahin zu gehen. Man muß ein bestimmter Typ sein, der da hingeht. In gewisser Weise müssen es Leute sein, denen es an Gleichgewicht fehlt. Wer läßt sich denn auf dem Rücksitz seines Autos beschießen? Die meisten Reporter, die aus Kriegsgebieten berichten, müssen dieses Gefühl erstmal irgendwie geil finden, bevor sie den Job wirklich gut machen. Und es gibt eine Menge Typen, die ihren Job gut machen.« Und bevor er wirklich ernsthaft ein Stückchen der fremden Welt kennenlernt, muß er viel verlieren: »Er verliert Billy und er verliert Jill beinahe. Und er verliert fast sein Auge, um sich das Recht zu verdienen, das Flugzeug noch zu erreichen. Und verliert auch noch seine Story. Doch er wächst mit der Zeit, auch wenn er nicht total bekehrt werden kann. Es ist ein subtiler Prozeß und durch Billy Kwans Tod und seine eigenen Gefühle reift er heran.«

Seinem Regisseur Peter Weir attestierte er absolutes Perfektionsstreben: »Er hat immer die richtige Dosis. Er würde für einen Freund sterben, aber er ist ebenso ein Pragmatiker. Manchmal kann man verrückt werden, aber er sagt einfach keinen Unsinn. Mir hat er mal gesagt ›du warst in dieser Szene 15 Prozent von dem, was du sein solltest. Ich laß' dich davonkommen, aber denk' immer dran!« Die Dreharbeiten zu dem Film waren lehrreich für ihn — denn er arbeitete mit total unterschiedlichen Darstellern. Mit Sigourney Weaver hatte er nicht die geringsten Probleme, denn: »Wir hatten eine enge Freundschaft. Es ist fast unmöglich, mit jemandem zusammenzuarbeiten, mit dem man nicht klarkommt.« Sigourney Weaver selbst soll später einmal gesagt haben, ihr damaliger Filmpartner Mel Gibson sei der aufregendste und tollste Mann, den sie je getroffen habe. Dieses Kompliment gab der so gepriesene auf seine Weise zurück: »Sie ist ganz schön groß«, kommentierte der treue Ehemann alle Gerüchte mit trockenem Humor.

Linda Hunt, die Darstellerin des Billy Kwan, arbeitete anders als Sigourney und das war nicht immer nach Mels Geschmack: »Sie ging ganz anders an die Arbeit heran, sie hatte unglaubliche Energien. Sie braucht Spannungen zum Arbeiten, so etwas kann sich gut auswirken, aber es hängt davon ab, wo man ist: Ich kann mit diesen Spannungen nicht arbeiten. Wenn da Spannungen sind, versuche ich, sie auszuagieren und zu kanalisieren. Aber wir haben das in den Griff bekommen. Hätten wir das nicht getan, würde man es am Ergebnis sehen.« Linda Hunts Spannungen übertrugen sich auf die Zuschauer und auf die Juroren der ehrwürdigen »Academy of Motion Pictures, Arts and Sciences« in Amerika: Für ihre Darstellung des Billy Kwan erhielt die kleinwüchsige Darstellerin den Oscar für die »beste männliche Nebenrolle«, ein Novum in der Geschichte des Films und eine Sensation dazu.

Auch wenn Mels Rolle nicht oscarreif war — seine natürliche Gabe, gebrochene Typen mit viel Gefühl zu portraitieren, konnte er in diesem Film Peter Weirs wieder einmal unter Beweis stellen. Die große amerikanische Kritikerin Pauline Kael beschrieb das etwa so: »Indem er mehr seine Augen einsetzt, gibt er der Rolle eine große spritzige romantisch-komische Qualität.«

58

# Vollstrecker auf Superstar-Kurs: Mad Max II

Nachdem Mel Gibson in den beiden Peter-Weir-Filmen gezeigt hatte, welches Spektrum er als Darsteller zu zeigen imstande ist, meldete sich George Miller, sein Entdecker wieder — die Fortsetzung zu *Mad Max* war soweit gediehen, daß die Dreharbeiten beginnen konnten. Selbstverständlich sollte Mel wieder die Hauptrolle spielen. *Mad Max* war ja überall in der Welt ein enormer Erfolg gewesen, mit einer Ausnahme: In den Vereinigten Staaten hatten viele den Streifen einfach übersehen. Doch vielleicht hatte man sich zuviel Mühe gemacht? Die australischen Dialekte vieler Darsteller nämlich waren synchronisiert worden (auch Mel Gibsons), man hatte einfach US-Amerikanisch darüber gelegt. Das wirkte künstlich und zudem hatte Arkoffs Firma Filmways dem Streifen nicht gerade den enthusiastischsten Start in den USA ermöglicht. Doch diese Nachteile gedachten George Miller und sein Produzent Byron Kennedy bei der Fortsetzung zu umgehen, denn weltweit hatte die Marketing-Abteilung der Firma Warner Brothers den Film wie berichtet zum bisher erfolgreichsten australischen Film aller Zeiten machen können.

»Viele Leute«, so berichtete Byron Kennedy, »meinten, der Film legitimiere die australische Filmindustrie endlich, international aktiver zu werden als bisher. Natürlich sah man auch Widersprüche, doch wir traten immerhin den Beweis an, daß der australische Film nicht ausschießlich langsam war, nicht nur wunderschön fotografierte Bilder, sondern zusätzlich eine Geschichte haben konnte, dazu Drama, Konflikte und vor allen Dingen Action. Diese Leute unterstützten uns und halfen uns weiter.« Genaugenommen hatte auch die australische Regierung Kennedy geholfen, *Mad Max II* auf die Beine zu stellen, denn sie hatte ihm vorher einen Trip um die Welt durch 15 Länder bezahlt, damit er über Verleih- und Produktionsgepflogenheiten im Ausland informiert sei. »*Mad Max II* ist bis zu einem gewissen Grad auch Ergebnis dieses Trips«, meinte Kennedy später.

Den Hauptanteil an der Idee jedoch hatte wiederum George Miller und er war es auch, der die Figur des Max in neue Dimensionen vorantreiben wollte: »Der zweite *Mad-Max*-Film kommt nicht mehr aus der Welt, in der das Auto Erholung und Gewalt zugleich bedeutet, unserer Welt also, die ich in *Mad Max* vorgeführt habe — hier geht es um etwas anderes. Wir erzählen die Geschichte eines klassischen Helden, so wie wir sie eigentlich schon kennen, zum Beispiel aus Joseph Campbells 'The Hero With A Thousand Faces'. Oder aus der griechischen Mythologie. Oder woher auch immer — die Geschichte auf alle Fälle ist nicht neu. Übrigens macht auch George Lucas mit seinen Krieg der Sterne-Märchen nichts anderes.« Neben Campbells Buch ist *Mad Max II* auch noch von »Mein großer Freund Shane« beeinflußt und natürlich von Kurosawas genialem *Yojimbo*, woher er viele seiner horizontalen Kamera-Schwenks entlehnte und auch den rauhen Humor, der in den wenigen Sätzen, die gesprochen werden, zum Vorschein kommt: »Sieh' dir das an«, muß sich Max anhören, nachdem ihm das Knie zerschmettert wurde »so kannst du ja noch nicht mal Rollstuhl fahren...«

Um eine Heldengeschichte zu erzählen, bedarf es anderer Mittel als jener, mit denen man eine Auto-Action abfeiert, und so wurde das Budget auf 4 Millionen US-Dollar festgesetzt — rund das zehnfache der Kosten des ersten Films. »Dabei haben wir die Geschichte nicht einfach zehnmal teurer inszeniert — alles ist nur einfach teurer geworden«, meint George Miller heute, »unsere Bedingungen waren bei diesem Film nicht wirklich besser als zuvor.« Doch eine Reihe von Anforderungen, die für den ersten Film Träume bleiben mußten, konnten erfüllt werden: Vor allen Dingen konnte man wirklich draußen in der Wüste drehen, wo auf Hunderten von Kilometern kein Baum steht — ein Drehteam so weit weg von einer großen Stadt arbeiten zu lassen, kostet eine Menge Geld. Und die vier Millionen Dollar (für einen Hollywood-Film selbst zu jener Zeit höchstens das Gehalt der Stars) bedeuteten 1982, daß es schon wieder der teuerste Film war, der je in Australien gedreht wurde… Miller: »In den USA werden Filme oft gemacht, weil der Deal stimmt, der Star das möchte oder der Regisseur es als guten Karriere-Schachzug betrachtet. Oft genug macht man sich dort aber so gut wie keine Gedanken über das Thema dieses Films. Hier in Australien haben wir – noch – die Möglichkeit, uns aufs Filmemachen an sich zu konzentrieren.«

Die Dreharbeiten des Films dauerten insgesamt drei Monate und fanden hauptsächlich in Broken Hill statt, einer kleinen Minenstadt mehr als 1000 Kilometer westlich von Sydney. Mit ihrer öden Ur-Landschaft bot die Gegend den perfekten Hintergrund für das Szenario. Darüber hinaus gab es jede Menge verlassener Straßen, auf denen so gut wie nie Autos fuhren, was die Dreharbeiten erheblich erleichterte. Vollkommen ungestört konnte das Drehteam also Verfolgungsjagden und Kämpfe vor der Kamera austragen.

Das Konzept, *Mad Max* in einer unwirtlichen Zukunft spielen zu lassen, wurde in *Mad Max II – Der Vollstrecker* fortgesetzt. Und man setzte noch einen drauf: Die Welt ist in einem noch wesentlich schlimmeren Zustand als im ersten Film. Die Geschichte:

Die menschliche Zivilisation ist nach einem nuklearen Holocaust vollständig zusammengebrochen. Ein erbitterter Krieg um die Ölquellen des Nahen Ostens hinterließ die Ölfelder dort in einem gigantischen Flammenmeer. Die Wirtschaft der Industriestaaten ist am Ende, die Städte sind zum größten Teil zerstört, Moral und Ordnung verschwunden. Es herrscht weltweit das Gesetz des Stärkeren. Die Straßen werden von Motorrad-Gangs weiterhin brutal terrorisiert. Und das Wertvollste, was es gibt, ist Benzin. Für ein paar Liter einen Menschen umzubringen, ist normal. Benzin allein bedeutet in dieser Öde Unabhängigkeit, es bedeutet, daß man die Freiheit hat, zu plündern und schnell wieder zu entkommen — denn dann kann man nicht verfolgt werden.

Max Rockatansky, der Ex-Polizist, der einst seine Familie und sein Haus durch eine solche Mörder-Gang verlor, fährt allein in seinem Turbo-Wagen durch die Landschaft, er hat bald wieder Kontakt zu den motorisierten Killern, die es diesmal allein auf seinen Wagen samt Tankinhalt abgesehen haben. Es gelingt ihm, zwei der Verfolger in einen verwaisten Sattelschlepper hineinrasen zu lassen — ihr Anführer, ein Mann

mit Irokesenfrisur namens Wez, entkommt auf dem Motorrad.

Später trifft Max auf den wirren »Gyro-Captain«, einen Typ, der einen Mini-Hubschrauber besitzt, der ihm einen Ort zeigt, an dem es jede Menge Benzin gibt: Es ist eine Art Fort, wo sich einige Dutzend Leute um den Anführer Papagallo geschart und an einer der letzten Ölquellen des Landes verbarrikadiert haben. Sie haben eine eigene kleine Raffinerie erbaut und produzieren Kraftstoff.

Doch noch während Max und sein Begleiter sich das ansehen, werden die Siedler in eine Schlacht mit Wez und seinen Motorrad-Gangstern verwickelt. Die Bande, angeführt von einem brachialen Typen mit Eisenmaske namens Homungus, muß jedoch vorerst wieder abziehen, das Fort ist uneinnehmbar.

Max gelingt es am nächsten Tag, in die Raffinerie einzudringen. Er erfährt, was die Bewohner dort am dringendsten brauchen: Eine Maschine, die stark genug ist, einen riesigen Benzintank zu transportieren. Die Menschen nämlich planen, mit dem Benzin aus der Einöde zu entkommen, um sich irgendwo an einem mehr als tausend Kilometer entfernten Strand eine neue, friedliche Existenz aufzubauen. Max glaubt zwar nicht, daß ihnen das jemals gelingen wird, erinnert sich aber an den verlassenen Sattelschlepper und erklärt sich bereit, gegen genug Benzin für den privaten Gebrauch dieses Gerät ins Fort zu bringen. Außerdem entsteht so etwas wie eine Freundschaft zwischen ihm und einem kleinen, wilden Jungen, der zu Papagallos Leuten gehört und hervorragend mit dem Bumerang umgehen kann, der alten Jagdwaffe der australischen Ureinwohner.

Auch wenn Max von Homungus' Gang permanent attackiert wird, gelingt es ihm schießlich, den gigantischen Truck ins Fort zu bringen. Dort wird nun alles für den großen Aufbruch vorbereitet. Max selbst fährt den großen Tanklastzug, mit dem das Benzin in Sicherheit gebracht werden soll, die anderen eskortieren die wertvolle Ladung in den verschiedensten Vehikeln.

Die Fahrt des Lasters wird zum Alptraum, sowohl für Max, der sich mit einem Mal den Siedlern doch näher fühlt als er je geglaubt hätte, als auch für die Angreifer — und der Blutzoll ist hoch.

Die Sequenz zum finalen Showdown ist der wichtigste Bestandteil in dem actiongeladenen Film — über 200 Stuntmen arbeiteten daran. Der Chef des Stunt-Teams übrigens war selbst ein »Mad Max«, er hieß Max Aspin. Auch im ersten Teil hatte er die Straßen-Action betreut. »Zehn Wochen lang lief alles ungewöhnlich gut«, erinnert er sich. »Es gab keinerlei Verletzungen, noch nicht einmal eine Beule. Das war mir fast schon unheimlich. Doch dann kam es knüppeldick — innerhalb weniger Tage fielen fünf Männer aus.«

Als ersten erwischte es den 21jährigen Guy Norris, der nach einem komplizierten Beinbruch ein Jahr zuvor zum ersten Mal wieder arbeitete. Er sollte mit einem Motorrad mit Tempo 100 gegen einen der »Buggys« rasen, durch die Luft wirbeln und dann sicher auf einer versteckten Matratze landen. Doch die Detonation, die eine Rauchwolke auslösen sollte, vernebelte ihm den Blick und dadurch landete er »hart« neben der Matte. Durch diese Detonation war auch der Buggy in die Luft geflogen und auf Guys Oberschenkel gekracht und hatte — Glück im Unglück — nur den Stahlnagel, der noch vom letzten Bruch in seinem Oberschenkel steckte, verbogen. Einige Wochen Krankenhaus und Guy war wieder fit...

Max selbst, der auch das Stunt-Double von Mel Gibson war, erwischte es am nächsten Tag, als er mit einem Wagen in eine Mauer von Autos knallen, in einem Graben landen, aufstehen und weggehen sollte. Alles klappte, nur beim Weggehen stürzte er, fiel unglücklich und brach sich den Fuß und einen Rückenwirbel — anderntags lag er im Doppelzimmer bei seinem Mitarbeiter...

Teuerstes »Opfer« der Dreharbeiten war eine 100000 Mark teure Arriflex-Kamera, die für eine Stunt-Szene am Straßenrand eigens in einem Stahlkäfig aufgestellt war. In der Szene rammt der Sattelschlepper ein Auto, wirbelt es hoch — und in diesem Moment fliegt ein Metallteil durch den Käfig genau auf die Frontseite der Kamera. Die Optik war Schrott — aber der Film unversehrt und die Szene mußte nicht wiederholt werden. Insgesamt wurden übrigens 40 Autos für den »Vollstrecker« zu Schrott gefahren.

Die Geschichte des unwirschen Ex-Cops, dessen beste Freunde sein Benzintank, ein mutierter Hund und schließlich jener wilde, bumerangschleudernde Wolfsjunge bei den Siedlern sind, kam auch in den USA hervorragend beim Publikum an – der Film avancierte innerhalb weniger Wochen auch dort zum Kultfilm und lief noch nach Monaten in den Mitternachtsprogrammen der amerikanischen Kinos. Darüber hinaus wurden über 100 000 Videokassetten des Filmes verkauft – bei den Preisen von 1983 eine gigantische Zahl. Außerdem wollten die meisten Fans von *Mad Max – Der Vollstrecker* nunmehr auch den ersten Film sehen, der damit plötzlich eine gewaltige Renaissance erlebte – in Doppelvorstellungen konnte man sich beide Filme nacheinander ansehen. Zusammen hatten beide Filme nach einigen Monaten 150 Millionen Dollar »auf dem Konto«.

Der *Vollstrecker*, dessen Original-Titel *The Road Warrior* (Der Straßenkrieger) der eigentlichen Natur des Protagonisten in diesem Film übrigens sehr viel näher kommt, initiierte über die Filmauswertung hinaus auch eine eigene Mode. Der Schnallen-Lederdress, den Mel Gibson trug (die Schnallen hatten allerdings eine medizinische Funktion – sie schienten sein verletztes Knie), inspirierte Rockstars, sich so zu kleiden. Billy Idol und Pat Benatar waren bekannte Beispiele.

Japanische Designer sahen sich den Film an, beschworen die Wiedergeburt des alten Samurai-Mythos und kreierten ihre Mode nach den Kostümen, die Produzent Kennedy und Regisseur Miller gemeinsam mit Drehbuchautor Terry Hayes erdacht hatten. Auch die italienischen Designer übernahmen diese Mode, der berühmte Giorgio

Armani liebte die Filme und gab offen zu, daß sie ihn inspiriert hätten. Damit ist auch endlich einmal geklärt, wo der exaltierte Schnallenlook des Sängers Michael Jackson seine Ursprünge hat...

Doch natürlich war es nicht das Outfit des Helden, das den Film zum Kult machte — Mel Gibson, der Darsteller des 'Mad Max', und seine immer schneller sich ausbreitende Popularität waren der Hauptgrund für den immensen Erfolg des Filmes. Die Vereinigung der amerikanischen Filmtheater-Besitzer, die als die sensibelsten Gradmesser für kommerziellen Erfolg gelten, honorierten Gibson diesen Auftritt mit ihrem Jahrespreis. »Die Leute lieben Mel in Leder«, sagte der Besitzer einer der größten Kinoketten der USA.

David Chute, ein Kritiker des »New Republic« über die Beliebtheit des Films: »Es ist dieser Überfluß an erotisierenden Alptraum-Visionen, die der Film ausstrahlt.« Ganz klar — nicht nur das klassische Action-Publikum mochte den Film, auch die studierte Mittelschicht stand weltweit auf *Mad Max*: Vor allem ältere Zielgruppen, die solchen Sujets gegenüber sonst eher skeptisch sind, erlagen der herben Ausstrahlung des Kämpfers im schwarzen Lederanzug. Und keineswegs nur Männer waren von Mel in Schwarz begeistert. Ungewöhnlich viele Frauen jeden Alters strömten ins Kino, um einmal einen Action-Film zu sehen, — so hielten die Kinobesitzer in ihrer für das Geschäft wichtigen Statistik fest.

Weltweit lobten Kritiker und Zuschauer den Film gleichermaßen als »frischen Wind« aus Australien, von einer Unbeschwertheit, wie amerikanische Produktionen dieses Genres sie niemals hätten. »Das ist das beste B-Picture, das sie jemals zu sehen bekommen«, untertrieb selbst Superstar Gibson die Qualität seiner Arbeit und der seines genialen Regisseurs George Miller.

Miller hatte mit dem *Road Warrior* beinahe einen Stummfilm gedreht – Mel Gibson hat nur ganze 26 Sätze zu sagen, der visuelle Subtext der Geschichte erzählt eine ganze Menge mehr, als Dialoge es hätten tun können. Die Symbolik der Nebenrollen beweist, wie genial Miller sein Handwerk als Regisseur beherrscht: »Die Rolle des Wolfsjungen ist eine Abstraktion vietnamesischer Kriegswaisen, die zwar selbst brutale Dinge tun können, aber dennoch über all die Unschuld verfügen, die Kinder noch haben.« Auch Homungus, der Anführer der Bösen, hat ein Vorbild fiktiver amerikanischer Mythologie: Er ist eine Mutation des Col. Kurtz in Joseph Conrads düsterem Werk »Heart of Darkness«, in der Coppola-Verfilmung *Apocalypse Now* von Marlon Brando überzeugend dargestellt.

»Aber glauben Sie mir, die meisten dieser Ideen hatten wir nicht im Drehbuch«, sagte Miller Interviewern nach dem Start des Films, »die meisten dieser Einfälle kamen uns spontan während der Dreharbeiten. Wenn man einmal dabei ist, dann ist man wie ein Boxer im Ring. Da geschehen Dinge, die kannst Du vorher nicht sehen, die passieren einfach. Du kannst nicht lange intellektualisieren. Und genausogut kann es dir passieren, daß Einfälle aus dem Drehbuch abhandenkommen. Filmemachen ist wie Träumen: Du weißt, du hast geträumt, aber du weißt nicht mehr ganz genau, was es war.«

Zum Beispiel war es nicht geplant, die Motorradkiller zu Homosexuellen zu stilisieren, wie es dann im Film geschah. Eigentlich hatte Miller vorgehabt, Männer und Frauen auf den schweren Maschinen zu Paaren zusammenzuwürfeln — doch das erschien ihm wie eine Reminiszenz an »Hells-Angels«-Filme der späten 60er Jahre, und davon wollte er sich weit distanzieren. Auch Max' mutierter Hund, in Wahrheit nichts weiter als eine Kreuzung aus Schäferhund und Koyote, wurde spontan eingebaut, weil Miller keinen dreibeinigen Hund finden konnte, wie ihn das Drehbuch vorgesehen hatte. »Daß Max und der Wolfsjunge beide blonde Strähnen im Haar haben, ist auch purer Zufall«, kommentierte Miller, der oft gefragt wurde, ob er damit irgendeine Art von Verwandtschaft suggerieren wollte.

»Cowboys und Indianer« nannten viele den Film und in der Tat, die visuellen Anleihen an das Western-Genre waren unübersehbar: Die Leute um Papagallo waren die klassischen Siedler, die von den Rinderdieben um Homungus, unterstützt von mit Feuerwasser gefügig gemachten Indianern, attackiert werden.

Die internationale Filmkritik, soweit sie sich mit dem Action-Genre überhaupt anfreunden kann, lobte den Film sehr. Von fast allen Kritikern wurden Millers Fähigkeiten als Filmemacher anerkannt. Niemand übersah darüber hinaus Mel Gibsons darstellerische Präsenz gerade in den Szenen, in denen er keinen Dialog hat — und das waren wie gesagt die meisten. Sein Gesichtsausdruck zum Beispiel, als eine alte Musikbox »Happy Birthday« spielt, vermittelt überzeugend den Eindruck der Erinnerung an längst vergessene Familienrituale, glückliche Tage, in denen sich die Menschheit noch an so etwas freuen konnte — um im nächsten Moment wieder in Leere und Gefühlskälte zu verfallen. Sein »Sidekick«, der manische Gyro-Captain Bruce Spence, spielt den Gegenpart zum coolen Gibson. Zusammen mit Max' Hund sorgt das Trio immer wieder dafür, daß der Film auch Elemente der besten Komödien der Filmgeschichte enthält. Erinnern Sie sich an den traurigen Gesichtsausdruck des Hundes, als Max gedankenversunken eine Dose Hundefutter öffnet und futtert?

Die moralische Schelte für Gibson und seinen Regisseur aus dem Original-*Mad-Max*-Film war mit Max' Rückkehr in die Gefühlswelt vergessen und öffnete gleichzeitig den Spielraum für eine weitere Fortsetzung, die dann aber, soviel stand fest, weniger Kultcharakter haben würde, weil sie von vornherein als gigantomanische Action-Produktion angelegt sein würde. Doch davor stand noch Gibsons Rückkehr nach Amerika. Er wollte zeigen, daß er auch mit amerikanischen Regisseuren »amerikanische« Filme machen konnte, denn jetzt erst realisierten seine Fans, daß er, in den USA aufgewachsen, eigentlich gar kein Australier war.

# Stürme: Die Bounty, Menschen am Fluß und Flucht zu Dritt

Nach *Mad Max II* und *Ein Jahr in der Hölle*, widmete sich Mel Gibson zunächst für einige Zeit seiner »Zweit-Leidenschaft« — dem Theater. Am »Stables-Theater« in Sidney hatte er zuvor schon in einer Reihe von Einaktern agiert, und nur eine Woche nach Abschluß der Dreharbeiten mit Weir spielte er in Arthur Millers »Tod eines Handlungsreisenden« auf der Bühne von Sidney. Auch den Wunsch, einmal am Broadway aufzutreten, hegte er zu dieser Zeit.

Das Bühnen-Intermezzo wurde durch neue Filmpläne beendet. Der neuseeländische Regisseur Roger Donaldson, der in seiner Heimat vor allem durch die Filme *Smash Palace* und *Sleeping Dogs* aufgefallen war, bereitete ein Remake des klassischen Filmstoffes um die *Meuterei auf der Bounty* vor.

»Ich bin froh, daß wir mit diesem Film endlich die Wahrheit erzählen, was sich auf der »Bounty« ereignet hat. Es ist eine Abenteuergeschichte, die nun schon seit fast 200 Jahren überliefert wird, und ich finde, es ist höchste Zeit zu zeigen, was wirklich war« sagte der große Sir Laurence Olivier, der den Admiral Hood spielte, jenen Richter des gefürchteten Kapitän Bligh, dessen grausames Regiment bereits 1935 (mit Charles Laughton und Clark Gable) und 1962 (mit Trevor Howard und Marlon Brando) auf die Leinwand gebannt wurde.

Produzent des neuen Films war ein alter Hase des Filmgeschäfts: Dino De Laurentiis, jener Sohn eines italienischen Pizzabäckers, der sich als Produzent des großen Federico Fellini einen Namen machte und schießlich in den USA Mammut-Produktionen wie *Krieg und Frieden* und *Die Bibel* zuwandte. Mit seiner Firma DDL entstanden Filme wie *Flash Gordon, Conan – Der Barbar, King Kong, Dune – Der Wüstenplanet* und schließlich auch *Die Bounty,* wie man die Neuverfilmung des alten Stoffes nun nannte.

Es ist die Geschichte des englischen Segelschiffes »Bounty«, das Ende des 18. Jahrhunderts

in die Südsee aufbrach, die Geschichte der dramatischen, überraschenden Meuterei an Bord dieses Schiffes, dessen Kapitän Bligh ehrgeizige Ziele verfolgte. Und es ist die Liebesgeschichte des Ersten Offiziers dieses Schiffes, Fletcher Christian, und einer wunderschönen Eingeborenen-Prinzessin in der Südsee. Schließlich ist es auch noch die Story des zunächst freundschaftlichen Verhältnisses zwischen Kapitän und Erstem Offizier, das sich im Laufe der Zeit verändert. Der Film beginnt mit dem Aufbruch zur großen Reise des Schiffes am 23. Dezember 1787 und es gelingt ihm, das Leben an Bord eines solchen Gefährts einfühlsam zu vermitteln.

Es sollen Brotfrüchte für die Sklaven von Tahiti nach Jamaica gebracht werden. Doch nichts läuft nach Plan und fast schaffen sie die Kap-Horn-Umrundung nicht. Endlich in Tahiti angekommen, muß Bligh feststellen, daß es Monate dauert, bis die Brotfrüchte kultiviert und transportfähig sind. Der lange Aufenthalt auf dieser schönen Insel führt dazu, daß Teile der Besatzung sich so wohl fühlen, daß sie nicht wieder zurück nach Europa wollen. Das Paradies auf Erden mit Frauen, Früchten und vielen Freiheiten wollen sie nicht mehr mit dem harten Seemannsleben tauschen. Kapitän Bligh versucht, die schlappe Truppe wieder auf Vordermann zu bringen — und überschreitet dabei seine Befugnisse erheblich. Fletcher Christian betrachtet ihn nun nicht mehr als Freund sondern führt die Meuterei an, die in einem erbitterten Kampf gipfelt und damit endet, daß sich einige Männer mit ihren Frauen auf eine kleine Insel zurückziehen, die sie Pitcairn nennen, und Bligh sich später daheim in England vor der Admiralität verantworten muß.

Um dem neuen Leinwandabenteuer größtmögliche Authentizität zu verleihen, verpflichtete man Stephan Walters, Englands größte Autorität auf dem Gebiet der »Bounty«, als historischen Berater. Mit seiner Hilfe konnten sich Mel Gibson und Anthony Hopkins, die Fletcher Christian und Kapitän Bligh spielten und selbst schon über die von ihnen darzustellenden Figuren recherchiert hatten, ein genaues Bild darüber machen, wie die historischen Vorbilder wirklich waren. Christian erwies sich dabei weniger als der Held, den noch Marlon Brando darstellte und Bligh weniger als der von Trevor Howard portraitierte Erzschurke. Der Kapitän der »Bounty« gewinnt durch die historische Genauigkeit, die angestrebt wurde, durchaus sympathische Aspekte, und wird in Robert Bolts Drehbuch einfach nur als sehr ehrgeiziger Mann dargestellt.

»Ich hatte zuvor die beiden anderen Bounty-Filme nicht gesehen«, gab Regisseur Donaldson zu, »doch je mehr ich mich mit Dino de Laurentiis in die Story vertiefte, desto mehr wollte ich es. Wir selbst wollten ein episches Werk drehen, aber die Mechanismen zwischenmenschlicher Kontakte ebenfalls nicht zu kurz kommen lassen. Ich legte großen Wert darauf, daß der Film bis ins Detail authentisch wirken sollte. Nur dort, wo wirklich niemand genau sagen kann, was tatsächlich

geschehen ist, nehmen wir uns Freiheiten heraus, zum Beispiel in Bezug auf Fletcher Christian, von dem niemand weiß, was mit ihm nach der Meuterei passierte.«

Es ging Donaldson vor allem um die menschliche Enttäuschung, die Bligh empfand, als er sich von Christian betrogen fühlte: Nie hätte er von diesem integren Seemann erwartet, daß auch er mit den anderen Männern dem Zauber der Insel Tahiti verfiel. Dazu kommt Blighs eigene sexuelle Frustration, die die Spannungen noch erheblich verschärfte. Donaldson hierzu: »Der Film läßt dem Zuschauer die Freiheit, seine Fantasie zu gebrauchen und eigene Interpretationen der Geschichte zu finden. Es ist zum Beispiel jedem unbenommen, in dem Verhältnis von Bligh zu Christian homosexuelle Untertöne zu entdecken.«

Auch Mel Gibson mochte sich mit dem Image des strahlenden Heroen Fletcher Christian nicht so einfach indentifizieren: »Er ist bei mir nicht mehr ein so großer Held. In Wahrheit war er zum Zeitpunkt der Meuterei viel jünger als man denkt, nämlich erst 22, ein junger Bursche mit einem Haufen Probleme. Und Bligh war kein Schurke. Man lernt nicht nur Fletchers, sondern auch seinen Standpunkt kennen und genau darum geht es. Daß nämlich keiner der beiden Protagonisten nur gut oder nur böse ist. Die Enge eines solchen Schiffes ist ja nun auch einmal furchtbar — eine Nußschale und so viele Typen, die nicht mal genug Platz zum Furzen haben, da muß man einfach verrückt werden. Beide Männer ließen vom Charakter her zu wünschen übrig und deshalb ist es schließlich zu den Verbrechen gekommen. Die hätten nicht zusammen segeln sollen.« Und er fügte hinzu: »Was mich wirklich fasziniert, ist, daß diese Meuterei vor fast zweihundert Jahren wirklich stattgefunden hat und uns ihre Geschichte heute noch immer so zu faszinieren vermag.«

*Die Bounty* wurde an Originalschauplätzen in England, Tahiti und Neuseeland gedreht. In den Lee International Studios, nur einige Minuten vom Londoner Stadtzentrum entfernt, entstanden alle Szenen, die unter Deck des Schiffes spielten. Bis ins Detail wurden hier die Quartiere der Mannschaften, der Speisesaal sowie Blighs und Christians Kabinen nachgebaut. Jede einzelne dieser Kulissen wurde auf Stahlträgern montiert, die so bewegt werden konnten, daß der Eindruck eines schaukelnden Schiffs auf hoher See entstand. Für die Szene, in der die »Bounty« versucht, Kap Horn zu umsegeln, und in einen mächtigen Sturm gerät, wurden mehrere tausend Liter Wasser aus einem speziell für diesen Zweck gebauten Tank über die Darsteller ergossen. Mit sechs Kameras gleichzeitig wurde dieses Geschehen gefilmt; eine der Kameras stand, mit einer Plastikhaube versehen, »mitten drin«. Ein Matrose wurde dabei vom Druck des Wassers drehbuchgerecht unter Deck gespült – ein sorgfältig einstudierter Stunt.

Andere Drehorte in England waren ein 1721 erbauter Landsitz in Middlesex (Blighs Heim), der Reform Club in London (wo Bligh Christian auffordert mitzukommen), das Royal Navy College in Greenwich (wo später der Prozeß gegen Bligh stattfindet) und das Wilton House in Salisbury (dessen Burghalle zu einem Gerichtssaal umgebaut wurde). Nächster Drehort war die landschaftlich unberührte Insel Moorea bei Tahiti — 500 Polynesier wirkten als Statisten mit. Die Ankunft der »Bounty« wurde in einer malerischen Bucht gedreht, die so unberührt aussieht wie Tahitis Bucht vor zweihundert Jahren. An dieser Stelle übrigens waren auch die Szenen für die beiden früheren Bounty-Filme gedreht worden und mancher alte Inselbewohner konnte sich noch gut an die früheren Dreharbeiten erinnern.

Neben Mel Gibson und Anthony Hopkins hatte der Film übrigens noch einen weiteren Star — den originalgetreuen Nachbau des Schiffes »Bounty«. Nach alten Plänen wurde er für rund vier Millionen Dollar speziell für die Dreharbeiten in Neuseeland gebaut.

Die Kritik liebte den fertigen Film: »Die beste Version des Stoffes«, schrieb das Fachblatt »Variety«, ein »aufrichtiges Werk, ein lohnendes Erlebnis«, lobte der »San Francisco Examiner«. »Erstaunlich«, »Bemerkenswert«, »Fesselnd« und »Überzeugend« sagten die Stimmen der Profis, die darüber in Zeitungs- und Zeitschriftenartikeln zu befinden hatten, »sehr intelligent« merkte zum Beispiel auch der »Hollywood Reporter« an.

Doch das kann alles nicht darüber hinwegtäuschen, daß der Film beim Publikum in seiner Gesamtheit nicht ankam — er war, gelinde gesagt, ein Flop. Die Kritiker-Euphorie setzte sich auf der Zuschauerseite nicht fort. In keinem Land, nicht einmal in England oder Neuseeland, verzeichnete das Werk nennenswerte Einspielergebnisse. An Mel Gibson allerdings hat es nicht gelegen, wie dessen ständig weiterwachsende Fan-Gemeinde bezeugt. Es mag aber sein, daß der Film an seiner Wahrheitssuche gescheitert ist und damit auch an Mel Gibsons Versuch, den Fletcher Christian so authentisch wie möglich darzustellen. »So gesehen hätten sie vielleicht doch lieber Sting oder Christopher Reeve nehmen sollen«, sagte der Star einmal Jahre später, nach *Bounty* befragt. Diesen beiden Herren, im Filmgeschäft fast ausschließlich in phantastisch orientierten Parts zu sehen, hatte er nämlich die begehrte Rolle vor der Nase weggeschnappt.

Vom englischen Schiffsoffizier zum amerikanischen Bauern ist es ein relativ weiter Weg, doch Mel Gibson ging ihn nahtlos — *Menschen am Fluß* (»The River«) war der Film, dessen Dreharbeiten sich direkt an die von *Bounty* anschlossen. Der Australo-Amerikaner absolvierte mit diesem Film sein amerikanisches Debüt — es war die erste reine US-Produktion, in der er spielte. Mark Rydell, der seit langem als Schauspieler-Regisseur gilt, den Spezialeffekte nicht interessieren und der mit *Der Gauner* (mit Steve McQueen), *Die Cowboys* (mit John Wayne) und *Am goldenen See* (mit Henry Fonda und Katharine Hepburn) seine größten Erfolge hatte, sagte über seinen neuen

Hauptdarsteller Mel Gibson: »Er ist eine wunderbare Kombination aus Montgomery Clift und Steve McQueen — und auch wie er diese Rolle spielte, erinnert mich daran. Er hat eine tiefe persönliche, fast einzigartige Verbindung zu seiner Rolle gefunden.«

*Menschen am Fluß* erzählt von den alltäglichen Anstrengungen der Farmerfamilie Tom und Mae Garvey (Mel Gibson und Sissy Spacek), die um jeden Preis ihr Leben auf dem kleinen Hof in den Bergen von Tennessee so verwirklichen wollen, wie es ihnen vorschwebt. Das ist nicht immer leicht. Ihre Existenz wird bedroht, als eine Überschwemmung einen Damm zum Einsturz bringt und ihr kleines Bauernhaus zu überfluten droht. Nur mit vereinten physischen Kräften kann in letzter Sekunde eine Katastrophe für die Garveys abgewendet werden.

Doch nicht nur Naturgewalten machen der Familie mit den beiden reizenden Kindern zu schaffen. Es sind auch Menschen, die ihre Existenz zu zerstören drohen: Joe Wade, ein Freund Maes aus gemeinsamen High-School-Tagen taucht eines Tages auf und will Land aufkaufen, um es mit einem großen Stausee zu überfluten, der für ein neues Elektrizitätswerk nötig ist. Doch Tom will dieses Land, auf dem seine Familie seit Generationen lebt, nicht verlassen, auch nicht für das gebotene Geld. Doch andererseits weiß er auch nicht, wie er aus der katastrophalen finanziellen Lage herausfinden soll, in der er ist: Hochverschuldet und unfähig, die Kredite zurückzuzah-

len, bleibt fast kein Ausweg mehr. Die ersten
Nachbarn haben dem Druck bereits nachgegeben
und verkauft. Um noch ein letztes Mal Zeit zu ge-
winnen, versteigern Tom und seine Frau sogar
Teile ihrer landwirtschaftlichen Ausrüstung, um
Gläubiger auszuzahlen.

Schließlich muß Tom den Hof verlassen, um als Arbeiter in der Stadt den Lebensunterhalt für die Familie zu verdienen. Doch es kommt noch schlimmer: Zu seinem Entsetzen wird ihm dort nur ein Job als Streikbrecher angeboten. Tom nimmt das Angebot trotz Beschimpfungen und Drohungen der dort streikenden Arbeiter an, um den endgültigen Bankrott abzuwenden. In der Zeit übernimmt Mae die gesamte landwirtschaftliche Arbeit alleine und pflügt die Felder. Dabei hat sie eines Tages einen Unfall und verletzt sich mit dem Mähdrescher. Es bleibt ihr nur, Wade zu bitten, sie ins Krankenhaus zu bringen. Der nutzt die Situation aus und fordert sie auf, Tom zu verlassen und zu ihm zu kommen. Doch sie schickt ihn fort.

Als Tom Tage später ins Tal zurückkehrt, sieht alles noch schlimmer aus als zuvor. Der Regen hat fast den ganzen Mais ruiniert, und auch Wade steht wieder vor der Tür um das Projekt mit dem Stausee noch einmal mit ihm durchzusprechen. Er hat ein Modell mitgebracht, das Tom kurzerhand wutentbrannt zerschlägt. Er beteuert, die einzige Möglichkeit, ihn von seiner Farm wegzuschaffen, sei in einem Kiefernholzsarg.

Als der Regen nicht nachläßt und die Garveys mit Hilfe einiger Nachbarn versuchen, den einzigen wasserspendenden Staudamm in der Gegend zu reparieren, heuert Wade Landstreicher an, die ihn wieder zerstören sollen. Tom stellt die Tippelbrüder zur Rede und fordert sie auf, sich mit den kleinen Bauern zu solidarisieren und nicht mit

den Spekulanten. Und er schwört, von der Schuß-
waffe Gebrauch zu machen. Dennoch macht sich
einer an dem Damm zu schaffen, und Tom feuert
— über dessen Kopf hinweg. In diesem Moment
aber sprengt ein Angestellter von Wades Elektri-
zitätsgesellschaft ein Riesenloch in den Damm.
Es gibt noch eine Möglichkeit, die entstandene
Lücke zu stopfen: Wades Jeep wird hineinge-
stürzt und die Fluten werden vorerst aufgehalten.
Das ist ein großer Sieg der kleinen Leute und endlich ein Signal, woraufhin sich die anderen Klein-
bauern der Gegend zusammenschließen, um den
Spekulanten zu zeigen, daß sie sich wehren können. Wade muß den Widerstand gegen sein Projekt akzeptieren — zumindest vorläufig. Langfri-
stig, da ist er sich sicher, wird die Macht auf
seiner Seite sein, nicht bei den kleinen Leuten
aus dem Tal...

Schon die ersten Siedler, die in Amerika gegen die Wildnis ankämpften, um sich eine Existenz aufzubauen, träumten den amerikanischen Traum von einem Leben in Sicherheit, Frieden und Freiheit. Ihre Nachkommen, die auf den Farmen des Landes lebten, bewahrten sich diesen Traum — bis heute. »Dieser Film ist mein Tribut an ein Stück Amerika, das es bald nicht mehr geben wird«, sagte Regisseur Mark Rydell, der diesen Kampf einer einzelnen Familie gegen Naturgewalten und irdische Existenzsorgen inszenierte. »Die Garveys repräsentieren den Lebensstil, der Amerika groß gemacht hat, den Stolz auf die Vergangenheit, das Beharren auf Tradition, das Weitergeben der Erfahrungen und Kenntnisse von den Vätern an die Söhne, von Müttern an ihre Töchter. Es ist ein Leben, in dem jedes Familienmitglied seinen Platz und seine Wichtigkeit im Überlebenskampf hat.«

Mel Gibson, der, wie wir wissen, selbst eine große Farm hat, die er allein mit seiner Familie bewirtschaftet, bestätigte das: »Das ist ein echter, uriger Typ, den ich da spiele. Wenn es in diesem Land nicht eine Menge Leute gegeben hätte, die derart wenig profitorientiert ihre Farmen bewirtschaftet hätten, dann gäbe es dieses Land in seiner jetzigen Form sicher nicht.«

Nach Recherchen in Ohio, Pennsylvania, Kentucky und einer Reihe weiterer US-Staaten beschlossen die Produzenten, den Film im Osten von Tennessee zu drehen, einem Gebiet mit einer idealen Landschaft und einem Fluß, der mit etwas

Glück und technischem Geschick für die Überschwemmungszenen aufgestaut werden konnte. Der Plan sah vor, das Wasser sechs Stunden, bevor es gebraucht wurde, durch drei verschiedene Dämme entlang des Holston River zum Drehort zu kanalisieren. Dort sollte ein weiterer Spezialdamm die Fluten regulieren. In einer Grube, so groß wie ein Fußballfeld und vom Fluß aus nur noch durch einen Damm getrennt, wurden jene Szenen gedreht, in denen die Garveys und andere Farmer gegen die Wassermassen ankämpfen.

Obwohl nie geplant war, das Tal des Holston-Flusses für die Filmarbeiten zu überfluten, tauchten in der örtlichen Presse irgendwann entsprechende Gerüchte auf. Die Zeitungen wurden mit Telefonanrufen überhäuft. Wann würde das Land untertauchen? Was sollten die Leute im Tal tun? Aus der Angst einer Filmfamilie wurde mit einem Mal ein reales Problem. Erst eine offizielle Stellungnahme, in der man versicherte, daß so etwas nicht geschehen würde, brachte die Gerüchte zum Schweigen. Es war nicht leicht, die Menschen zu überzeugen, daß ein Film die Illusion einer Überschwemmung zeigen kann, ohne daß wirklich eine stattgefunden hat.

Der falsche Damm aus Hollywood erwies sich als technische Meisterleistung, die so stabil gebaut war, daß man den Damm auch nach den Dreharbeiten dort hätte benutzen können. Er wurde natürlich wieder entfernt, um dem Fluß seinen alten Verlauf zu lassen. Zehn Wochen vor Beginn der Dreharbeiten wurde mit dem Bau der

Filmfarm zwischen dem Holston River und einer Hügelkette am Horizont begonnen. Ein Stück Land wurde gerodet und ein zweigeschossiges Haus, eine Scheune, Ställe, ein Pumpenhaus und Kuhweiden gebaut. Der fertige Hof unterschied sich nicht von Farmen der Umgebung, die hier schon seit einhundert Jahren stehen.

Rydells Überzeugung, daß ein Film nur dann eine starke Atmosphäre ausstrahlen kann, wenn Drehorte und die Umgebung bis ins kleinste Detail stimmen, bedeutete auch für die Darsteller eine ungewöhnlich lange Vorbereitungszeit. Er probte mit Sissy Spacek, Mel Gibson, Scott Glenn (Wade) und den Kindern Shane Bailey und Becky Jo Lynch jeden Morgen bereits viele Wochen vor Beginn der Dreharbeiten. Für den Rest des Tages machten sich die Hauptakteure dann mit dem Tagesablauf auf einer solchen Farm vertraut — für Mel Gibson nicht das größte Problem, denn Traktor fahren und den Mähdrescher bedienen konnte er schon von zuhause...

Um Mae Garveys Alltag vollständig zu begreifen, zog seine »Gattin« Sissy Spacek allein ins Film-Farmhaus um. Sie backte Kuchen und Brot, pflanzte einen Garten an und hielt Haustiere. »Sie versorgte die komplette Crew mit Gebäck — es war so viel, daß wir es im Hotel in der Gegend zum Einfrieren gaben«. Sissy Spacek selbst machte das alles viel Spaß: »Ich habe mich mit den Bäuerinnen der Umgebung angefreundet und ihnen gesagt, daß sie beim Kuchenbacken weniger Zucker nehmen sollen.«

Mel Gibson und Scott Glenn sollten ihre eigentliche Rivalität während eines Softball-Spiels kennenlernen. Also übten sie dieses Spiel tagelang miteinander. Dabei zog sich Mel Gibson übrigens eine Fußverletzung zu, so daß er die Dreharbeiten nur mit einem Verband am Bein beenden konnte. Er arbeitete hart daran, seinen australischen Akzent für die Rolle abzulegen, und schon nach kurzer Zeit konnte er auf Befehl zwischen den beiden Dialekten umschalten. Dennoch bestand der Perfektionist Gibson darauf, daß ein Sprachtrainer die Dreharbeiten verfolgen solle um sicherzustellen, daß Mel auch kein einziges Mal sprachlich aus seiner Rolle des Tennessee-Bauern herausfiel.

Fast alle Dreharbeiten fanden in der Farm oder dem sie umgebenden Gebiet statt. Einige Schlüsselszenen wurden darüber hinaus in dem historischen Jonesborough und in Gate City, Virgina, gedreht – die Aufnahmen, in denen Tom seine Ausrüstung versteigert, entstanden hier. Echte Farmer der Gegend verfolgten das Geschehen mit Tränen in den Augen.

Die Filmkinder Becky Jo und Daniel sahen übrigens ihren Filmeltern Spacek und Gibson wirklich ähnlich – selbst auf dieses Kriterium hatte Rydell bei deren Casting geachtet.

Die Kritiker waren geteilter Meinung angesichts des hehren Rührstückes von Rydell. »Übermenschliche Freundlichkeit« warfen manche Schreiber dem Hauptdarsteller Gibson vor und meinten, er habe an manchen Stellen »zuviel des Guten« getan. *Menschen am Fluß* war auch kein

Renner an den Kassen der Kinos, doch der Perfektionismus vor allem auch des hervorragenden Kameramannes Vilmos Zsigmond, der »ein filmisches Gemälde schuf, das einem Bild von Norman Rockwell nicht unähnlich ist«, sicherte dem Werk seinen Platz in der Filmgeschichte.

Hauptdarsteller Gibson jedenfalls war nur wenige Tage nach seinem amerikanischen Debüt bereits mit seinem nächsten Film befaßt: *Flucht zu Dritt* (*Mrs. Soffel*) wurde von Gillian Armstrong inszeniert, jener australischen Regisseurin, die bereits 1978 mit dem Film *My Brillant Career* für Aufsehen in der Kinolandschaft gesorgt hatte.

Die *Flucht zu Dritt* ist wirklich geschehen: Im Sommer 1901 wurden Ed und Jack Biddle, zwei kleine Kriminelle, zum Tode durch den Strang verurteilt, weil sie während eines Raubes in den Vororten von Pittsburgh einen Kaufmann getötet hatten. Zwei Monate vor ihrer Hinrichtung, in einer kalten und stillen Winternacht, entkamen die Brüder aus ihrer Todeszelle. Ein Priester beschrieb diesen Zwischenfall als »schlimmsten kriminellen Akt bisher im 20. Jahrhundert« und meinte damit weniger die kriminelle Energie der Biddles als das Verhalten der obskuren Figur, die an dieser Flucht beteiligt war: Es war nämlich Mrs. Kate Soffel, die Frau des verantwortlichen Gefängsniswärters.

Das Filmgeschehen beginnt in Pittsburgh, um die Jahrhundertwende. Nach drei Monaten Krankheit verläßt die Frau des Gefängniswärters Peter K. Soffel ihr Bett. Ihrem Mann und ihren

Kindern versichert sie, daß sie komplett genesen sei. Sie verläßt das Haus, das innerhalb der Mauern des Gefängnisses liegt und passiert das eiserne Tor, das zum Zellentrakt führt. Dort verteilt sie Bibeln und gute Worte an die Inhaftierten und wird Zeugin eine Gespräches zwischen zwei Wärtern und zwei verurteilten Mördern, den Biddles. In diesem Moment fühlt sie sich spontan zu Ed Biddles Persönlichkeit hingezogen.

Während ihres Aufenthalts in der Todeszelle werden die Biddles zu legendären, romantisch verklärten Figuren für viele Frauen in Pittsburgh. Doch in der Einsamkeit der Zellen bleiben sie die gedemütigten Killer, deren Tat nur durch die Hinrichtung gesühnt werden kann. Mrs. Soffel besucht sie oft, und lange bemerken sie und Ed Biddle nicht, daß eine Leidenschaft entbrennt, die zur Flucht führen wird. Doch irgendwann ist es gewiß — sie wird ihn nicht in die Todeszelle lassen, sondern kraft ihrer Möglichkeiten als Gefängniswärterfrau befreien. Der Coup gelingt, doch nun können sie sich nicht trennen. So kommt es zu einer Flucht der Drei quer durch Kanada, einem kurzen Höhenflug, bei dem die neuen Freunde Freiheit und Erfüllung finden, die sie zuvor nicht kannten — weder die Biddles noch Kate.

Die Reise geht durch die verschneiten Landschaften Kanadas und mündet in ein tragisches Finale. Das Schlußbild war, so Gillian Armstrong, der »Auslöser für den ganzen Film — ich hatte es von vornherein im Kopf«: Blut im Schnee.

Ron Nyswaner, der Drehbuchautor, hatte die Idee gehabt, die Story um Mrs. Soffel für den Film zu adaptieren, als er der Geschichte seiner Heimatstadt Pittsburgh in alten Büchern nachforschte. Im Jahre 1982 schrieb er dann einen er-

sten Drehbuchentwurf und versuchte, so dicht wie möglich an den bekannten Fakten zu bleiben. Für alles, was nicht überliefert war, darunter natürlich auch die Dialoge zwischen Mrs. Soffel und den Biddles, mußte der Autor von Drehbüchern wie *Love Hurts*, *Smithereens* und *Swing Shift* (mit Kurt Rusell) dazudichten.

»Dieser Film ist eine Liebesgeschichte«, erklärte Gillian Armstrong. »Sie kennen doch den alten Spruch: 'Es ist besser, geliebt und verloren zu haben als niemals geliebt' – das ist das Thema.« Bis heute weiß man nicht, wie es zur Romanze zwischen Mrs. Soffel und Ed Biddle kam; außer ein paar Liebesbriefen und der Erkenntnis einiger Journalisten dieser Zeit sind keine weiteren Dokumente überliefert. »Ich fand es wichtig festzustellen, daß die drei zusammen geflohen sind. Kate Soffel hätte sich ja später und wahrscheinlich sicherer mit ihnen treffen können – sie wollten aber zusammen sein. Nur die Liebe vermag so etwas.«

Sensationsjournalisten schrieben Ed Biddle magische Kräfte zu, mit der er Frauen betöre, und das war um die Jahrhundertwende eine Sensation, die in vielen Schlagzeilen vorkam. Die Regisseurin beschreibt Mrs. Soffel als tiefreligiöse Frau, die »ihr Leben für ein Risiko hinwarf«. Diane Keaton, die großartige Darstellerin, die schon mit Woody Allen und Francis Coppola brillierte, spielt die Mrs. Soffel mit überzeugender Reife und Eindringlichkeit: »Sie war von Anfang an meine erste Wahl«, sagte Gillian Armstrong.

Den Mann, der als verurteilter Killer eine magische Anziehungskraft auf diese Frau ausübt, einen regelrechten Magnetismus ausstrahlt, konnte eigentlich nur Mel Gibson spielen. »Natürlich hat Ed sie zu Anfang um seinen Finger gewickelt, doch ganz schnell wurde das zur Wechselbeziehung«, erklärt Armstrong, »und Mel war ideal, um die Wandlung vom abgründigen Produkt seiner Umwelt zum moralischen Menschen darzustellen.«

Während ihrer gemeinsamen Suche nach Freiheit zeigt er immer wieder seine Liebe zu Kate und respektiert das Leben an sich — auch wenn er es zum Schluß selbst verliert. »Mel hat diese Qualität, die sowohl Gefährlichkeit als auch Romantik

94

in sich vereint — und das ist sehr selten,« meinte die Regisseurin, »in unserem Film ist diese Qualität klarer herausgekommen als in manch anderem Film, den er drehte. Ich dachte sofort an ihn, als ich Rons Script gelesen hatte. Ich habe mir dann eine Menge weiterer Darsteller angesehen und war danach erst recht davon überzeugt, daß nur er Ed Biddle sein könne.«

»Ed glaubt von sich, daß er im Grunde ein moralischer Mann ist«, erläuterte Mel Gibson in Interviews seine Rolle, »er folgt seinen Leidenschaften und läßt sein Herz sprechen. Er und Kate stellen während der Zeit im Gefängnis fest, was ihnen beiden im Leben gefehlt hat, und so beschließen sie, es einmal richtig zu machen und das zu tun, was ihnen ihr Gefühl befiehlt und nicht irgendwer — es ist die Liebe.«

Der Film wurde in Pennsylvania und Kanada an Originalschauplätzen, soweit zu rekonstruieren, gedreht — und speziell der realistische, wunderbare Stil des Kameramanns Russell Boyd und die Bauten der Produktionsdesignerin Luciana Arrighi trugen dazu bei, daß die Atmosphäre sehr wirklich erscheint. Das alte, 1883 errichtete Gefängnis gibt es noch heute, sogar das Wärterhaus steht noch, nur der Todeszellentrakt wurde 1975 abgerissen — dort ist heute die Bäckerei und der Speisesaal des modernen Gefängnisses, in dem 500 Häftlinge untergebracht sind. Die Sicherheitsvorrichtungen wurden verstärkt und so konnten Gillian Armstrong und das Team tatsächlich in dem Gebäude drehen.

Den Bruder des Ed Biddle spielte der junge Schauspieler Matthew Modine. Mel Gibson: »Wunderbar, ein offener und glücklicher Typ. Macht Spaß, mit ihm zu arbeiten.« Es fiel beiden nicht schwer, sich anzufreunden und gemeinsame Eigenheiten zu entwickeln, die vor der Kamera die Bruderschaft glaubhaft machten. »Wir sind schon sehr unterschiedliche Leute«, meinte Modine, »wir gehen anders an unsere Arbeit heran, aber vielleicht haben wir uns deshalb so gut verstanden?« Gemeinsam trafen sich die beiden mit Häftlingen, um deren Gefühle besser verstehen zu können und arbeiteten bei dieser Gelegenheit auch an ihrer eigenen »Beziehung«.

»Ein Frauenfilm«, schrieb die Presse (»Variety«), »mit dem größten Herzensbrecher, den das Kino heute hat — Mel Gibson.« Und die L.A. Times meinte, »Gillian Armstrong hat ein Wunder vollbracht, Mel Gibson und Diane Keaton so großartig miteinander spielen zu lassen«. Pauline Kael, die große alte Dame der Filmkritik verglich Gibsons Auftritt in dem Film gar mit dem »jungen Henry Fonda«.

Wie kommentierte Mel Gibson selbst seine wundersame Wandlung vom »Mad Max« zum geläuterten Killer Ed Biddle?

«Wenn ich mir heute den Max im ersten Film ansehe, denke ich — oh was für ein Kretin. Doch man muß ihn mögen. Guy Hamilton in *Ein Jahr in der Hölle* war auch nur ein relativ schaler Typ, aber Ed Biddle, da geht schon etwas mehr los. Er setzt unglaubliche Leidenschaft frei und tief in seinem Innern ist er sogar ein Dichter. Diese Typen mag ich.« Und was er dazu sagt, solche Typen häufiger zu spielen, wissen wir ja bereits: »Ich plane meine Karriere doch nicht. Jetzt erst recht nicht. Ich vertraue meinem Instinkt oder geh' auch mal dagegen an.«

Doch es sollte geschehen, daß sogar »Mad Max« ein wenig romantischer werden würde als er es in den ersten beiden Filmen war. Der dritte Teil von George Millers Erfolgsserie, die Rückkehr Mel Gibsons nach Australien und damit der Durchbruch vom Star zum Superstar, stand an: *Jenseits der Donnerkuppel*. Es donnerte, und mit der Ruhe der — relativ — kleinen Filme war es vorbei.

# Im Reich der Fantasie: Mad Max III — Jenseits der Donnerkuppel

Einer der Gründe, warum Mel Gibson sofort das Angebot zu *Mad Max — Der Vollstrecker* angenommen hatte, war natürlich, daß er sich so gut mit dem Team, allen voran seinen Entdeckern George Miller und Byron Kennedy verstand. Besonders mit Kennedy verband ihn eine herzliche Freundschaft, und deshalb war es auch für ihn eine Tragödie, daß Kennedy kurz nach dem zweiten Film bei einem Hubschrauber-Unfall ums Leben kam. Der Unfall ging Miller und Gibson so nahe, daß sie in der ersten Zeit danach sicher waren, daß »Mad Max« nie wieder auf die Leinwand zurückkehren würde — obwohl er in *Der Vollstrecker* zum Schluß in der Wüste zurückgeblieben war, was als Hinweis auf eine mögliche weitere Folge galt. Gibson damals: »George will es nicht. Er ist der einzige, der es kann und er ist einer der wenigen, die das Genre beherrschen. Niemand außer ihm hat diesen Stil. Er ist einzigartig und ein Gentleman. Er ist die Antithese dessen, was man auf der Leinwand sieht.«

Die Zeit heilte den Schmerz in den Herzen derer, die am Leben waren, und so beschlossen sie, den neuen Film noch fantastischer, noch opulen-

98

ter und vor allem perfekter zu gestalten und Byron Kennedy zu widmen. »Er war genau so. Er wollte immer alles noch besser machen und bestand darauf, daß man nie aufhören sollte, sich in seiner Arbeit weiterzuentwickeln. Er steckte sein Ziel immer wieder ein Stück weiter und diese Haltung hat er an uns weitergegeben«. Und so entstand — wieder einmal — der bis dahin teuerste, effektvollste und publikumsträchtigste australische Spielfilm aller Zeiten.

Die Handlung beginnt in der Wüste Australiens, einige Jahre nach dem Atomkrieg auf der Erde. Aus der Luft setzen der Flieger Jedediah und sein tollkühner Sohn zum Angriff auf ein von sechs Dromedaren gezogenes Gefährt an und werfen den Fahrer aus dem Sitz. Als dieser sich aufrappelt, sieht er sein Gespann mit alledem, was er besitzt, Richtung Horizont verschwinden.

Das einzige, was ihm bleibt, sind die wenigen Dinge, die sein treues Äffchen über Bord werfen kann. Der so um seine Habe gebrachte Wüstenwanderer ist Mad Max, noch immer einer der Überlebenden dieser barbarischen Welt nach der Apokalypse. Den Spuren seines Wagens folgend, kommt er in eine von Schutzwällen umgebene Stadt, in der emsig Handel betrieben wird. Der total übervölkerte Ort, der eher einem großen Schrottplatz gleicht, heißt »Bartertown« und wird von Aunt Entity, einer strengen Herrscherin, regiert.

Max wird nicht eben freundlich von ihr und ihrem Schatzmeister Collector empfangen: Die Stadt darf nur betreten, wer auch etwas zum Handeln mitbringt. Erst nachdem Max vorgeführt hat, wie geschickt er mit seinen Waffen umgehen kann, erhält er die Chance, innerhalb von 24 Stunden sein gestohlenes Gepäck wieder ausfindig zu machen. Aber zunächst wollen die Städter noch ein wenig Spaß haben – und so muß er gegen eine Schar ausgesuchter Killer der Herrscherin seine Waffenkünste vorführen. Das gelingt meisterhaft, und er verschafft sich auf diese Weise den nötigen Respekt in der Stadt.

Beeindruckt von diesen Fähigkeiten schlägt Entity ihm einen Handel vor: Um an sein Gefährt heranzukommen, soll er Blaster beseitigen, den riesenhaften Beschützer eines Gnoms namens Master. Dieser Master ist Herrscher der direkt unter »Bartertown« gelegenen »Underworld« und betreibt dort die einzige Energiequelle weit und breit. Deshalb ist er Entity schon lange ein Dorn im Auge, denn er läßt sie seine Macht ständig spüren. Lenkt er das Methangas, das er aus dem Kot von Hunderten von Schweinen gewinnt, einmal nicht nach Bartertown, geht dort nichts mehr ... Um seine Chance in der »Unterwelt« abzuwägen, läßt sich Max erst einmal dort einschleusen und stellt schnell fest, daß Blaster doch nicht unverwundbar ist – der schrille Ton einer Pfeife setzt ihn für kurze Zeit außer Gefecht.

Schon am selben Abend kommt es zu einer provozierten Auseinandersetzung zwischen Max und Blaster, und gemäß den Gesetzen Bartertowns müssen die Kontrahenten ihre Kräfte in der Donnerkuppel, der Kampfarena, messen. Für Max schlägt nun die Stunde der Wahrheit, denn jeder Kampf in der Donnerkuppel unterliegt einem gnadenlosen Grundsatz: Zwei Kämpfer betreten die Kuppel und nur einer verläßt sie wieder lebend. Die Menge johlt blutrünstig, und nach einer Einführung des Zeremonienmeisters Dr. Dealgood gibt Aunt Entity das Startzeichen. Die Kämpfenden hängen an elastischen Bändern und jede dort verfügbare Waffe vom Messer bis zur Motorsäge ist erlaubt. Blaster scheint der Stärkere zu sein, doch Max weiß ja, wie man ihn lahmlegt: Der Pfeifton läßt ihn zu Boden gehen und nun sollte Max ihn nach den Gesetzen unverzüglich töten, doch er schenkt ihm das Leben. Das ist für den tobenden Mob schlimmer, als wenn er selbst verloren hätte – ohne einen Tropfen Wasser, mit einer Clownsmaske vor dem Gesicht wird er auf ein

Pferd gebunden und in die Wüste geschickt. Zwar
kann er sich von seinen Fesseln befreien, doch
der Sonne ist er schutzlos ausgesetzt und bricht
bald zusammen ...

Als er wieder zu sich kommt, ist er in einer anderen Welt mit unterirdischen Labyrinthen, Grot-
ten und Seen. Seltsame, winzige Gestalten um-
wieseln ihn, Kinder, die ihn mit großen Augen
neugierig und erwartungsvoll anstarren. Sie erzählen ihm, wie sie ihn leblos in der Wüste gefunden und in ihre Oase gebracht haben, wo sie seit
einem Flugzeugabsturz leben und die sie »Crack
in the World«, den »Riß in der Welt« nennen.
Schnell wird ihm klar, daß die Kinder in ihm den

Befreier sehen, auf den sie schon lange warten. Er verspricht, ihnen zu helfen. Doch erst möchte er seine Aufgabe erfüllen, nach Bartertown zurückkehren, mit Entity abrechnen und sich sein Eigentum zurückholen. Zusammen mit einer großen Horde von verwilderten Kindern dringt Max durch einen unterirdischen Gang in »Underworld« ein, besetzt die alte Dampflok, die der dortigen Energieversorgung als Pumpe dient und bricht schließlich mit diesem Gefährt aus »Bartertown« aus. Eine vor Wut schäumende Entity verfolgt ihn mit einer ganzen Armada von Kampffahrzeugen, doch in diesem letzten, verzweifelten Kampf behalten Max und die Kinder die Oberhand.

In der kleinen Bergbaustadt Coober Pedy im Süden Australiens fand ein Großteil der Dreharbeiten statt. In der Nähe dieses Städtchens, in dem im Winter Eiseskälte und im Sommer sengende Hitze herrschen, gibt es eine Eisenbahnstrecke und ein Netz von Wüstenstraßen, auf denen man die Verfolgungsjagden hervorragend inszenieren konnte. Die Breakaways, eine Gegend, in der vor Millionen Jahren einmal ein großer See war, dienten als Kulisse für Bartertown. Das Örtchen Blackheath in den Blauen Bergen von Neusüdwales »doubelte« die Idylle von »Crack in the World«. Die Szenen mit den riesigen Wanderdünen in der Nähe dieser Oase wurden schließlich nahe von Botany Bay gedreht, dort, wo einst Australiens Besiedlung durch die Briten begann. Auch der »abgestürzte« Jumbo-Jet lag hier im Wüstensand — und da der Ort zufällig unter einer Flugroute lag, gab es mehrfach Anfragen von besorgten Fliegern an die umliegenden Flughäfen.

Bartertown selbst wurde in einem ausgedienten Steinbruch von Sydney errichtet und zwar nach Zeichnungen des kalifornischen Illustrators Ed Verreaux, der die fertigen Bauten als »nahe an meinen Entwürfen« empfand. Die Donnerkuppel, eine Mischung aus »religiösem Spektakel und Zirkus« (George Miller), ist eine riesige Halbkuppel aus Stahlgittern, in denen die Bewohner der Stadt wie Kletten hängen, um die Kämpfe in diesem Hexenkessel hautnah miterleben zu können.

In der »Underworld« hatten die Regisseure vor allem mit Tieren zu kämpfen, die sich nicht an Drehbuchanweisungen halten mochten: 600 Schweine waren die eigentlichen Stars dieser Szenen. »Und ohne sie hätten wir nicht drehen können, oder glauben Sie, daß 600 Hühner den gleichen Effekt erzielt hätten«, meinte George Miller. Hauptdarsteller Gibson hingegen wären »Rindviecher lieber gewesen, die hätten auch nicht so gestunken« – kein Wunder aus der Sicht eines Rinderfarmers.

Auch bei der dramatischen Anfangsszene, in der sich Jedediahs selbstgezimmertes Flugobjekt dem friedlich dahinziehenden Max nähert, gab es »tierischen« Ärger: Die Dromedare, die Max' Gefährt zogen, sollten in Panik geraten und Reißaus nehmen – samt Max' gesamter Habe. Diese Dromedare machten Co-Regisseur Ogilvie Probleme, denn sie hielten sich kein bißchen ans

Drehbuch und rannten stets in eine andere Richtung, als die vorgesehene, in der die Kamera stand...

Im letzten Drittel des Films hatte Mel Gibson viel Spaß mit seinen Co-Stars, denn der Familienvater hatte es gleich mit 52 Kindern zu tun, mit denen er durch die Wüste ziehen durfte. Aus 2000 Bewerbungen von Kindern mußten Miller und Ogilvie die Filmkinder auswählen – möglichst wild auszusehen war das Kriterium für ihre Besetzung. In Workshops bereitete man die Kinder auf ihre Rollen vor, erzählte ihnen die Geschichte von *Mad Max* und brachte ihnen die für das Leben in einer solchen Oase wichtigen Fertigkeiten bei, nämlich Klettern und Jagen. Neben den Dreharbeiten allerdings hatten die Kinder Streß ganz anderer Art – laut Anweisung des australischen Erziehungsministeriums nämlich mußten sie 20 Stunden pro Woche die Schulbank drücken. Nur unter dieser Voraussetzung hatte man ihnen die Dreherlaubnis gegeben. Ein hauptamtlicher Lehrer und ein Betreuer waren eigens hierfür engagiert worden.

»Obwohl dieser Film sich von seinen beiden Vorgängerfilmen unterscheiden sollte, wollten wir doch die Fans der Auto- und Fahrzeug-Action-Szenen nicht enttäuschen«, erklärte Drehbuchautor Terry Hayes, und so kam es, daß zwei Dutzend leichtgewichtig, skelettartig, fast reptilienhaft wirkende Fahrzeuge konstruiert wurden, die laut Drehbuch mit Methangas betrieben sein sollten. Diese geländegängigen Gefährte waren rund 100

Stundenkilometer schnell und mit Überrollkäfigen versehen, was sie einerseits martialischer wirken ließ, andererseits die Dreharbeiten für die Stuntleute sicherer machte. Das originellste Gefährt des Films ist das eisenbahnähnliche Schienenfahrzeug, die frühere Pumpstation der unterirdischen Stadt und gleichzeitig Energiezentrum, mit dem Max schließlich »Underworld« verläßt. Ein dreiachsiger amerikanischer Lastwagen diente als Basisgerät für das Gefährt, von dem Chefmechaniker Dave Thomson heute noch schwärmt.

Über 40 Stuntleute waren für die Action-Szenen von *Mad Max III* zuständig — Mel Gibson gehörte übrigens zu ihnen. Der unerbittliche Zweikampf zwischen Max und Blaster in der Donnerkuppel gehörte zu den Höhepunkten der Stunt-Arbeiten. Spezialeffektmann Mike Wood und der Koordinator der Stunt-Szenen Grant Page hatten sich für das Duell etwas ausgedacht, was in dieser Form nach nicht im Kino zu sehen gewesen war: Die beiden konnten, an lange elastische Gürtel gebunden, sich scheinbar schwerelos mit einem ganzen Arsenal von Waffen durch die Kuppel jagen. Zusätzlich hatten sie die Möglichkeit, Druckluft-Zylinder in Bewegung zu setzen, um das Gefühl der Schwerelosigkeit weiter zu verstärken. Im Innern der Kuppel waren am Metallgestänge in regelmäßigen Abständen Eisenstacheln angebracht, die die Illusion der mörderischen Kuppel ebenfalls noch perfekter machten.

Grant Page, der Chefstuntman, war nach Abschluß der Dreharbeiten glücklich — niemand wurde ernsthaft verletzt, nur Stuntman Vic Wilson hatte sich bei einer Szene Brandverletzungen zugezogen, als er nämlich durch einen riesigen Feuerball rasen mußte. Es war eine Szene gewesen, die von sechs Kameras aus verschiedenen Perspektiven aufgenommen wurde. Ein Fahrzeug war für eine Explosion präpariert worden, das heißt, anstelle seines Motors hatte man einfach eine Sprengstoffladung angebracht, die hochgehen sollte, wenn der »Eisenbahn-Truck« dagegen knallte. Die Vorbereitung für diesen Stunt nahm Stunden in Anspruch und erforderte wahre Präzisionsarbeit. Mit dem Computer wurde jede Bewegung vorausberechnet und damit auch die Dauer der Szene und wann man mit dem Drehen beginnen würde. Nur — daß die Eisenbahnlinie von Coober Pedy noch in Betrieb war und daß fünf Minuten vor Beginn der Szene ein Zug einlaufen sollte, das wußte der Computer natürlich nicht. Mit einem ganzen Tag Verspätung wurde die schwierige Szene dann am nächsten Tag gedreht. Der Truck-Zug knallte planmäßig in das Fahrzeug, dieses explodierte und die nachfolgenden Gefährte schossen durch den fast 20 Meter hohen Feuerball. Vic Wilsons Fahrzeug fing richtig Feuer und dem Stuntman blieben in der Gluthitze die Luft und ein paar Hautfetzen weg ... — ein paar Tage später aber war er quietschfidel wieder am Set.

Ein weiterer Höhepunkt der Stuntarbeit war auch der dreifache Wechsel des Stuntman Glen Boswell von Auto zu Auto. Als »Ironbar« klettert er in hohem Tempo über drei Autos hinweg, um

daraufhin sicher im vierten zu landen. In Max'
Fahrzeug schießt er über eine Rampe direkt auf
das Gefährt von Ironbar und kracht mit Karacho
darauf. Boswell doubelte auch Mel Gibson in den
Szenen, in denen angeblich die Versicherungsge-
sellschaft dem Star einen eigenen Einsatz unter-
sagte. »Das glaubt mir hier jeder«, grinste Gibson
Interviewer am Drehort an, »in Wirklichkeit bin
ich doch nicht lebensmüde, oder?«

Für Spezialeffekt-Mann Mike Wood war die
Zerstörung von »Bartertown« und »Underworld«
der Höhepunkt der Dreharbeiten. Exakte Logistik,
Timing und natürlich die Sicherheit waren die
wichtigsten Punkte.

»Mit dem Zug wurde ›Bartertown‹ das Methan-
Herz herausgerissen, und das sorgte für diese
gigantische Explosion und ihre nachfolgenden Effekte«, erklärt Wood das kontrollierte Inferno. An
Dutzenden von Punkten waren Napthalin- und
Benzinbomben versteckt, die Leute der Stadt waren in vier Gruppen von Stuntleuten und Regieas-
sistenten aufgeteilt, die sekundengenaue Kom-
mandos zu geben hatten. Schweine hatten zu
quieken, Motorradfahrer von Entitys Garde um-
herzufahren. Nur zwei Minuten dauerte das inszenierte Chaos schließlich, dann war es von acht
Kameras aufgenommen und man konnte einige
Minuten lang »Action« daraus zusammenschnei-
den.

Am betroffensten waren sowohl die Filmleute
als auch die späteren Kinozuschauer von dem
Modell der zerstörten Stadt Sydney, das Zeichner

Mel Gibson mit *Mad-Max*-Regisseur George Miller.

Ed Verreaux das Effektteam um Dennis Nicholson
bauen ließ. Im Maßstab 1:100 wurde auf einem
Areal von ca. 35 Quadratmetern die australische
Metropole so aufgebaut, wie sie nach einem nuklearen Schlag aussehen würde. Das Modell sah
bedrückend echt aus . . .

»So ungefähr 15 Jahre liegen zwischen *Mad
Max I* und dem dritten Film«, erzählte Regisseur
George Miller seinem Publikum, als das Werk in
die Kinos kam. »Jetzt ist Max sein eigener Herr
geworden, eine Art Samurai auf Wanderschaft,
die Wiedergeburt des einsamen Revolverhelden.
Am Anfang noch vertraut er allein auf sich selbst,
danach aber, als er bemerkt, daß auch er abhän-

110

gig ist und zudem feststellt, daß er allein aus Profitgründen nicht töten kann, wird klar, daß seine Welt eine neue ist. Nach seiner Bewährungsprobe leitet er eine Regenerierung ein.« Eine gewisse Regenerierungsphase nahm George Miller bei diesem Film auch für sich selbst in Anspruch — denn er arbeitete an dem Film mit einem Co-Regisseur, dem erwähnten George Ogilivie zusammen, weil er einfach nicht alles allein machen konnte. »Ich wollte meinen subjektiven Eindrükken einfach eine weitere Komponente hinzufügen und auch auf neue Ideen hören. Und ich denke, es ist gelungen. Dazu kommt, daß George Ogilvie viel Erfahrung bei Theater, Ballett, Oper, Fernsehen und Film sammeln konnte und daraus schöpfte. Manchmal, finde ich, war er zu positiv. Er hätte auch mal etwas schlecht finden können.«

Nicht besonders schwer hatten es Miller und Ogilvie mit Tina Turner als Besetzung der Aunt Entity. Miller hatte sie in Ken Russells Rock-Oper *Tommy* Jahre zuvor gesehen und war begeistert von der Idee, sie für die Rolle einzusetzen. »Sie ist so temperamentvoll und gleichzeitig selbstdiszipliniert.« Daß Tina Turner angetan war von der Idee mitzuspielen, daß sie zu dieser Zeit auf dem Höhepunkt ihrer Popularität als Musikerin stand und daß sie den hervorragenden Titelsong »We Don't Need Another Hero« beisteuerte, konnte dem Film nur helfen. George Miller sah den ganzen Film sowieso als eine Art visuellen »Rock 'n' Roll« an: »Man sucht immer nach einem bestimmten Rhythmus aus Einfällen, Abläufen,

schauspielerischen Gags. Das ist das Ziel, auch wenn man vorher nicht weiß, was schließlich dabei herauskommt. Ich helfe mir mit Storyboards dabei. Letztlich geht es darum, alle filmischen Elemente im richtigen Arrangement miteinander zu kombinieren. Man sucht sich dann die Aufnahme aus, wo sich alles im optimalen Verhältnis zueinander bewegt. Sicherlich wird man das nicht immer erreichen, aber wenn man Geduld hat, kommt man dem Idealfall zumindest sehr nahe.«

Ideal war für Miller die Besetzung des Hauptdarstellers: »Mel ist seit dem ersten Film viel selbstsicherer geworden, was Handwerk und schauspielerische Präsenz betrifft. Vom ersten Augenblick an, als ich ihn bei einer Probeaufnahme sah, wußte ich, daß der Junge etwas hat.

Eine spezielle Ausstrahlung, die schwer zu beschreiben ist. Es ist immer wieder erstaunlich, daß der Mel, den man als Mensch kennt, auf der Leinwand überhaupt nicht mehr wiederzuerkennen ist. Am Set oder selbst bei Mustervorführungen fällt einem das noch gar nicht so auf. Aber wenn man am Schneidetisch seine Leistung sieht, spürt man die starke Intuition, mit der er seine Figur zum Leben bringt. Ich habe festgestellt, daß ich ihm heute weniger über Kameraeinstellungen erzählen muß. Oft reicht eine Handbewegung und er weiß, daß jetzt eine Nahaufnahme kommt usw.«

Miller hielt Gibson auch für ein Energiebündel: »Gelegentlich ist er eigenwillig, aber meist platzt er vor Energie. Das ist ja so bemerkenswert an ihm, weil die Figur, die er spielt, oft so stoisch ist. Beim Betrachten der Muster kann man dieses Phänomen immer wieder beobachten: In dem Moment, in dem die Aufnahme gestorben ist, verzieht er sein Gesicht zu einem breiten Grinsen oder macht irgendeine Fratze. Das Gesicht verändert sich, sobald die Kamera läuft. Vor einem Take denkt man manchmal, daß er vielleicht noch ein wenig Zeit brauchen könnte, um sich auf seine Rolle zu konzentrieren. Aber mit dem Schlagen der Klappe geht eine Veränderung mit ihm vor und er ist drin. Er macht es einem extrem einfach, mit ihm zu arbeiten.«

Der Star gab das Kompliment auf der Stelle zurück: »George hält sich nicht für sehr gut. Aber er ist sehr gut. Er hat seine ganz eigene Art, damit umzugehen. Wenn du diesen Code einmal geknackt hast, dann bist du fein raus. Er ist kein Schauspieler-Regisseur. Der Künstler und Filmemacher in ihm dominieren. Er macht dir etwas vor und damit kitzelt er alles aus dir heraus, und das klappt dann noch besser. Es war kein bißchen langweilig, diesen dritten Film mit ihm zu machen. Immer gab es kleine Überraschungen bei ihm, überwog das einfache Moment das komplizierte. Man muß mit George mitgehen, wenn alles in der richtigen Richtung läuft. Nur so kommt man zum Ziel. Das ist brillant. Der Charakter-Regisseur übrigens war Ogilivie. Die beiden ergänzten sich ideal. Zwei Köpfe sind immer besser als einer, wenn beide das zusammen hinkriegen — und das taten sie hervorragend. «

Wie hatte Mel Gibson sich auf diese Rolle vorbereitet? »Ganz normal: Du liest das Drehbuch, du diskutierst es mit den Autoren und dem Regisseur, und alle werfen ihre Ideen in einen Topf. Einige Darsteller allerdings quatschen viel zu lange über ihre Rollen. Ich denke, ein vollendeter Gedanke kann erst kommen, wenn man es einfach einmal gemacht hat, worüber man da nachdenkt. Manchmal passiert das beste aus Zufall oder sogar aus einem Fehler heraus. Aber wenn man seine Hausaufgaben gemacht hat und die Welt, in der man da spielt, verstanden hat, wenn man weiß, wen man da eigentlich zu spielen hat, dann hat man's schon fast geschafft. «

Und wie sieht Gibson den »neuen Max«, den, der Mitleid hat und nicht mehr so einfach töten kann?« Das ist ganz klar: Seine Familie ist weit weg in seiner Erinnerung, in einer ganz anderen Zeit. Er kann Blaster töten, aber irgendetwas läßt ihn stoppen. Er weiß selbst nicht so genau, was es ist, und er haßt dieses Etwas vielleicht auch. Es mag Schwäche sein, oder etwas, das er dafür hält. Aber tatsächlich ist es genau das, was ihn von dem anderen Abschaum unterscheidet.«

Mel Gibson hat seine Hausaufgaben gemacht und kann sich in »Mad Max« verwandeln — von einer Sekunde auf die andere, so wie er sich inzwischen in jede andere Rolle verwandeln kann. Hundertprozentig zufrieden aber war er mit dem Ergebnis des fertigen Films nicht, ihm schien, daß aus dem »Road-Warrior«, dem Straßenkämpfer, beinahe ein Comic-Held in seinem nächsten Abenteuer geworden sei — vielleicht äußerte er sich deshalb in einigen Interviews nach dem Filmstart sehr kritisch und interpretierte das Werk schnell als eine Parodie: »Sie werden es nicht glauben — ich sehe diesen Film in erster Linie als eine Komödie an, so viel Humor hat es zuvor in keinem meiner Filme gegeben, schon gar nicht in *Mad Max I und II.*

In der Tat, der Film ist voller Gags — als Max auf seinen Kampf in der »Donnerkugel« vorbereitet wird, sagt man ihm: »Ich weiß, du wirst die Regeln nicht brechen, es gibt nämlich keine.« (Die einzige Regel, den geschlagenen Feind zu töten, bricht er schließlich doch.)

»Ich freue mich schon auf richtige Komödien. Keine Ahnung ob mir das gelingt«, meinte Mel

Gibson damals mit gesunden Selbstzweifeln, »alles was du wirklich tun mußt, ist Leute zum Lachen zu bringen. Das ist das schwerste überhaupt. Ich weiß nicht, ob ich das wirklich kann. Es könnte noch vor mir liegen«. Ob er zu dieser Zeit schon geahnt hat, wie nahe er mit *Zwei stahlharte Profis* dem Genre »Komödie« bereits kommen würde?

*Mad Max III – Jenseits der Donnerkuppel!* erreichte ein gigantisches Publikum. Die Rechnung der Filmemacher, einen Welterfolg vorauszuplanen, ging weitestgehend auf. Der Film wurde — auch vom Ergebnis her also — zum erfolgreichsten Film Australiens, auch wenn es natürlich durch die beteiligten Produzenten und die von vornherein kalkulierte Vermarktung in den USA auch ein »amerikanischer« Film wurde. Die 13 Millionen US-Dollar waren nicht nur gut angelegt, sie vervielfachten sich in kurzer Zeit. Die Kritik versagte Anerkennung nicht — wenn auch viele Rezensenten schrieben, der Film hätte die Dichte der beiden Vorgänger-Filme nicht erreicht. Man sah jedoch, was die Trilogie wirklich zusammenhielt, und man glaubte endlich, das Ende des ersten Filmes zu verstehen, der den Helden als in sich völlig verstörten Killer hinterließ.

»*Mad Max* konnte nicht nur eine Geschichte erzählen, er ist für viele Geschichten gut. Er ist ein archetypischer Held, so wie er im Western immer wieder vorkommt«, schrieb die Los Angeles Times. »Den vollen Gegenwert für's Geld gibt es bei diesem Film«, resümierte »Variety«.

In Deutschland lief für den Film eine ungeheure Werbekampagne — die Kritiker waren auch hier wieder einmal gespalten. Wer amerikanische Action-Filme ohnehin nicht mochte, dachte gar nicht länger darüber nach, und für wen das neue Hollywood die Offenbarung bedeutet, der ließ sich auch von den entsprechenden Stellungnahmen nicht vom Kinobesuch dieses australischen Films abbringen. Immerhin: *Jenseits der Donnerkuppel* war der erste *Mad-Max*-Film, den die »Bundesprüfstelle für jugendgefährdende Schriften« nicht auf ihre Liste jener Videos setzte, die nicht erworben werden dürfen, damit Personen unter 18 Jahren sie nicht sehen können.

Wird es jemals *Mad Max IV* geben? Mel Gibson: »Oh, das können sie eigentlich nicht machen. Was sollen sie denn mit dem Typen noch anstellen? Der Sohn von Max? Oder was? Nein, ich glaube nicht!«

Terry Hayes, der Drehbuchautor des *Road Warrior* und der *Donnerkuppel* sieht das ein wenig anders: »Ich hätte gern einen vierten Teil, aber George sagt, er wüßte nicht, ob wir uns Mel dann noch leisten können.«

Das mag heute, einige Jahre nach *Mad Max III* durchaus zutreffen, denn wenn das Budget noch einmal »nur« 13 Millionen Dollar wäre, würde er gut die Hälfte davon kassieren. Zu Zeiten von *Zwei stahlharte Profis,* dem ersten Teil der »Serie« nach *Mad Max* war er noch preiswerter.

# Action, Witz und tolle Story: Zwei stahlharte Profis

»Gibson ist eine Waffe, Glover hat eine.« Mit dieser werbewirksamen Unterzeile kündigte die Produktionsgesellschaft Warner Bros. 1987 den Kinostart ihres neuen Action-Films *Lethal Weapon* (zu deutsch: Tödliche Waffe) an. Mel Gibson spielt darin Martin Riggs, einen Drogenfahnder des L. A. Police Department. Sein Partner, Roger Murtaugh, wird von Danny Glover, dem Hauptdarsteller aus Steven Spielbergs Rassen-Drama *Die Farbe Lila,* dargestellt.

Auf den ersten Blick wirkt der Film, der vom deutschen Verleih mit dem griffigen Titel *Zwei stahlharte Profis* in die Kinos gebracht wurde, als sei er nach dem gefälligen Muster einschlägiger Action-Epen gestrickt. Das Grundthema weckt Assoziationen: Zwei Polizisten mit völlig unterschiedlichen Charakteren finden durch die Laune eines Vorgesetzten zusammen. Eigentlich will man nichts miteinander zu tun haben, nur das gemeinsame Ziel, die Verbrecher der Stadt zur Strecke zu bringen, verbindet einander. Schon Clint Eastwood mußte sich als Inspektor Calahan in *Dirty Harry* (1971) unwillig einen Partner auf's Auge drücken lassen, mit dem er so gar nichts

anzufangen wußte. Nichts Neues also. Oberflächlich betrachtet, scheint auch der Umstand, daß es
sich bei Murtaugh und Riggs um zwei Veteranen
des Vietnam-Krieges handelt, keine Besonderheit
der beiden.

Gerade in den 80er Jahren bevölkerten eine
Vielzahl von kriegserprobten Action-Helden die
Leinwände. Angefangen bei Sylvester Stallones
Millionen-Hit *Rambo* (*First Blood*, 1982) bis hin zu
dem Revanchisten-Spektakel *Missing in Action*
(1985). Unter der Präsidentschaft von Ronald Rea-
gan erwachte in der amerikanischen Bevölkerung
offensichtlich ein neues Selbstbewußtsein, auf
das auch Hollywood reagierte. Obwohl der Krieg
in Vietnam von den Vereinigten Staaten verloren
wurde, kreierte die Filmmetropole unzählige Ge-
rechtigkeitsfanatiker, die sich ihr Rüstzeug für
den Kampf auf den Straßen von New York, Los
Angeles und den anderen Großstädten im süd-
ostasiatischen Dschungel geholt hatten. Wer jetzt
aber glaubt, daß auch *Lethal Weapon* auf dieser
Welle schwimmt, sieht sich schnell getäuscht.
Selbst erfahrene Action-Konsumenten werden zu-
geben müssen, daß der Film die Masse ähnlich
konstruierter Thriller weit überragt. Die gängigen
Klischees, auf die Autor Shane Black in seinem
Skript zurückgriff, nutzte er lediglich, um die Er-
wartungshaltung des Publikums zu schüren und
es dann durch raffinierte Wendungen in die Irre zu
führen. Kaum eine Szene und kaum ein Charakter, der die an ihn gestellten Erwartungen erfüllt.
Nichts ist so, wie es scheint.

Das beginnt schon mit der Anfangssequenz. Die Kamera schwebt über dem nächtlichen Los Angeles, kreist über Millionen von Lichtern und nähert sich einem Hochaus, gleitet durch im Wind flatternde Gardinen und verharrt über einem Bett, auf dem sich eine gutaussehende Blondine in Spitzenunterwäsche genußvoll räkelt. Unschwer zu erkennen, daß sich die junge Dame mit irgendeinem Rauschgift in Ekstase versetzt hat. Unbeholfen schwingt sie sich aus dem Bett und tapst schließlich, schwankend wie eine Betrunkene, auf den Balkon. Einfältig kichernd, klettert sie auf die Brüstung, wo sie einen Augenblick balancierend ausharrt, bevor sie lautlos in die Tiefe fällt und krachend auf einem Autodach aufschlägt. Der Fall scheint eindeutig: Selbstmord. Doch als ganz so eindeutig entpuppt sich die Sachlage dann doch nicht. Wie sich später herausstellt, war die Frau ihrem Mörder nur einen Schritt vorausgeeilt. Der Stoff, den sie eingenommen hatte, war nämlich verschnitten. Hätte sie nicht selbst ihrem Leben ein Ende bereitet, wäre sie kurze Zeit später an der manipulierten Droge gestorben.

Etwa zur gleichen Zeit, als die junge Dame zu Tode stürzt, sitzt Polizei-Sergeant Roger Murtaugh gemütlich in seiner Badewanne. Heute ist sein 50ster Geburtstag. Plötzlich fliegt die Tür auf, seine Frau und seine drei Kinder stürzen unter lautem Gebrüll und mit einer Geburtstagstorte in den Händen herein. Der stürmischen Gratulation folgt eine Bemerkung von Rianne, Rogers ältester Tochter, die ihn nachdenklich werden läßt:

»Dad, mit deinem Bart siehst du richtig alt aus.«

Zur selben Zeit irgendwo am Strand von Malibu. Ein struppiger Hund läuft auf einen Wohnwagen zu und stürmt hinein. Dort liegt Martin Riggs nackt zwischen weißen Laken, die Pistole auf dem Kopfkissen, eine Zigarette zwischen den Lippen und keucht sich den Teer aus den Lungen. Müde stolpert er zur Toilette und gurgelt ein Bier die Kehle hinunter, während er seine Blase entleert.

Roger hat inzwischen sein Bad beendet und leistet seiner Frau Trish in der Küche Gesellschaft. Von ihr erfährt Roger, daß ihn ein gewisser Michael Hunsaker telefonisch zu erreichen versuchte. Er erinnert sich sofort an den Mann, mit dem er während des Krieges in Vietnam diente und der ihm dort das Leben rettete. Es wundert Roger ein wenig, warum sich sein ehemaliger Kamerad nach so vielen Jahren wieder meldet, doch es bleibt ihm nicht viel Zeit, darüber nachzudenken, denn kurz darauf wird er zu einem Einsatz gerufen: Eine junge Frau stürzte vom Hochhaus.

Als der Polizist am Tatort eintrifft, sind seine Kollegen gerade dabei, die Spuren zu sichern und die einzige Zeugin, eine Prostituierte namens Dixie, zu verhören. Auf den ersten Blick scheint alles auf Selbstmord hinzudeuten, doch als Roger den Namen der Toten erfährt, horcht er auf: Amanda Hunsaker. Welch ein Zufall: kaum hatte sich sein Lebensretter nach mehr als zehn Jahren wieder einmal gemeldet, muß Roger den Tod seiner Tochter aufklären.

Am nächsten Tag im Revier. Die Polizeipsychologin verfolgt Captain Murphy, den Chef der Station über den Gang, um ein Problem zu besprechen, doch der will davon wenig wissen. »Wie sie ja wissen, hat Riggs seine Frau erst kürzlich bei einem Autounfall verloren, nach 11 Jahren Ehe. Er ist auch bekannt dafür, daß er viel zu schnell schießt.« Murphy wiegelt ab: »Hören Sie, ich kenne Riggs, er ist ein zäher Bursche.« »Er ist fix und fertig Sir, ich rechne mit psychotischen Reaktionen. Riggs ist selbstmordgefährdet, wenn Sie ihn weiter Dienst tun lassen, machen Sie einen schweren Fehler.« Murphy schüttelt den Kopf: »Psychokacke! Sind Sie sicher, daß Ihre Diagnose stimmt, sind Sie da absolut sicher?« — »Nein, es gibt nichts absolut sicheres.« — »Ende der Diskussion«, Murphy bricht das Gespräch ab und flüchtet auf die Herrentoilette. »Wir werden warten und wenn er sich wirklich umbringt, wissen wir, daß ich unrecht hatte.«

Zur selben Zeit führt auch Roger Murtaugh in seinem Büro ein Gespräch. »Ein paar Neuigkeiten im Hunsaker-Fall.« Roger wundert sich: »Das ging ja schnell.« Sein Kollege erklärt ihm, daß Amanda, wäre sie nicht gesprungen, kurz darauf am gestreckten Stoff gestorben wäre, einer Ausführung, der Roger allerdings wenig Gehör schenkt, da er gerade Riggs bemerkt, der sich im Nebenraum lässig an einen Schreibtisch lehnt. Murtaugh ahnt nicht, daß der Typ in den schmuddeligen Kleidern sein neuer Partner sein wird, ja, er ahnt nicht einmal, daß dies ein Polizist ist.

Während Roger gebannt auf Martin starrt, schnattert sein Kollege unbeirrt weiter: »Da gibt es noch zwei Sachen. Erstens, der Zustand der Bettdecken und Matratzen läßt darauf schließen, daß Amanda mit noch jemanden im Bett lag, bevor sie starb. Punkt A.« – »Punkt B?« hakt Roger nach. »Punkt B, sie haben Dir für diesen Fall einen neuen Partner zugeteilt.« – »Einen Partner? Schon wieder?« Rogers Interesse scheint erwacht. »Ein wilder Vogel«, entgegnet der andere. »Vom Rauschgiftdezernat, ist kurz vorm Durchdrehen.« Just in diesem Augenblick zückt Martin seine Pistole und fummelt umständlich daran herum.

Augenblicklich stürzt Roger aus seinem Büro und hechtet auf den vermeintlichen Freak los:

»Deckung, der hat`ne Kanone.« Verwirrt blickt sich Martin um; er hat keine Ahnung, daß er gemeint ist, bis ihm Roger plötzlich in den Arm fällt. Eine kurze Drehung und Roger landet auf dem Rücken. Mit seinem Fuß nagelt Riggs den Angreifer fest und richtet seine Waffe auf ihn. Murtaughs herbeigeeilter Kollege klärt die Situation: »Roger, darf ich vorstellen: Dein neuer Partner.« Murtaugh schüttelt den Kopf: »Ich bin zu alt für so eine Scheiße.«

Zur selben Zeit in einer stillgelegten Fabrikhalle. Der Drogenhändler Mendez trifft sich mit dem General und seinem Adjutanten Joshua, ehemaligen Special-Forces-Soldaten, die seit ihrer Zeit in Vietnam einen florierenden Rauschgifthandel betreiben. Mendez wird von den Veteranen und ihren Leibwächtern in Empfang genommen. Es geht um einen Multi-Millionen-Dollar-Deal, der binnen weniger Tage über die Bühne gehen soll. Mendez will eine Ladung Heroin vom General kaufen.

Riggs und Murtaugh besuchen derweil Michael Hunsaker, den Vater des Opfers, und unterrichten ihn über die Umstände des Todes. Gleichzeitig will Roger wissen, warum sein Kriegskamerad ihn anrief. Und Hunsaker, den Tränen nahe, erklärt warum. Amanda war in die Pornoszene abgedriftet und spielte in einschlägigen Videofilmen mit. Hunsaker senior hatte gehofft, daß ihm Roger helfen könnte, die Tochter aus diesem Sumpf herauszuholen. Jetzt, da es dafür zu spät ist, will Hunsaker nur noch eines: Rache. Und dabei soll ihm

Roger helfen. »Roger, du schuldest mir noch was, finde die Mörder und töte sie.« Murtaugh, hin- und hergerissen, fühlt sich sowohl seinem Kameraden, der ihm in Vietnam das Leben rettete, als auch seinem Beruf verpflichtet. Seine eindeutige Zustimmung mag er nicht geben.

Roger ist nervös; er hat schon so manchen schrägen Vogel bei der Polizei erlebt, aber einer wie Riggs ist ihm noch nie untergekommen. Egal, das Problem kann warten, der Fall nicht. Gemeinsam machen sich die beiden Polizisten auf den Weg ins Nobelviertel Beverly Hills, wo es gilt, Amanda Hunsakers Finanzier zu befragen. Kaum haben die Polizisten ihren Wagen verlassen, stürmt der Mann aus seinem Haus und feuert eine Schrotflinte ab. Roger schießt zurück und trifft den Angreifer ins Bein. Der darauffolgende Streit der beiden Polizisten nimmt sie so in Anspruch, daß sie nicht bemerken, wie der Verletzte eine Pistole zückt und auf Roger richtet. Martin stößt eine Warnung aus, schlägt die Schußhand des Killers nach oben und ballert gleichzeitig selbst los. Tödlilch getroffen bricht der Mann zusammen.

Martin am nächsten Tag. »Wir wissen, daß Amanda Hunsaker mit jemanden im Bett war, bevor sie starb«, resümiert Roger. »Richtig, nur sind wir bis jetzt davon ausgegangen, daß es ein Mann war.« — »Na schön, nehmen wir mal an, es war Dixie, die Prostituierte, die Amanda gefunden hat.« — »Okay«, entgegnete Roger, »ekelhaft, aber okay.« — »Nehmen wir weiter an, sie geht davon aus, daß Amanda an dem Rauschgift stirbt, dann bleibt ihr genug Zeit, die Spuren zu verwischen. Aber auf einmal springt Amanda aus dem Fenster. Jetzt liegt die Leiche auf der Straße und sie selbst muß schnellstens verschwinden. Irgendjemand sieht Dixie und sie kann nicht mehr abhauen. Jetzt muß sie versuchen, sich irgendwie ein Alibi zurechtzuschustern. Also schnappt sie sich den nächsten Bullen, den sie findet und ruft ›Officer, Officer, ich habe alles genau gesehen.‹« — »Ziemlich dünn diese Geschichte«, meint Roger, »aber es muß ja nicht immer so üppig sein.«

Obwohl sie selbst von ihrer Theorie nicht richtig überzeugt sind, machen sich die Cops auf den Weg, um Dixie einen Besuch abzustatten. Doch gerade als sie vor dem Haus der Zeugin auftauchen, fliegt das Gebäude mit einem riesigen Knall in die Luft. Riggs und Murtaugh kommen mit dem Schrecken davon. Als sie später die verkohlte Ruine untersuchen, entdeckt Riggs die Überbleibsel eines Sprengstoffes, den er noch aus seiner Armeezeit kennt. Als dann noch ein kleiner Junge aussagt, daß er den Mörder, der sich als Gasmann ausgegeben hatte, gesehen hat, verdichten sich die Anzeichen, daß ein Vietnam-Veteran hinter dem Anschlag steckt. Der Knabe konnte sich nämlich an eine Tätowierung des Täters erinnern, die Riggs als Symbol einer Spezialeinheit identifiziert.

Mit Dixies Tod ist auch diese Spur zu Ende. Jetzt hoffen die Polizisten auf neue Hinweise durch Michael Hunsaker, denn offensichtlich

wurde Amanda nicht getötet, weil sie als Porno-
modell arbeitete. Es mußte einen anderen,
schwerwiegenderen Grund gegeben haben. An-
fangs sperrt sich sein ehemaliger Kumpel, aber
Roger läßt nicht locker und schließlich packt
Hunsaker doch aus. Seinen Angaben zufolge ge-
hörte er zur Shadow-Company, einer vom CIA ge-
steuerten Killer-Truppe, die in Vietnam wütete.
Die Männer der Einheit schlossen sich nach
Kriegsende wieder zusammen, um Heroin aus
Asien in die Vereinigten Staaten zu importieren.
Als Hunsaker deswegen kalte Füße bekam und
bei Murtaugh auspacken wollte, tötete man seine
Tochter. Eine ebenso teuflische wie wirkungsvolle
Warnung, ja den Mund zu halten.

Roger reagiert wütend auf das Geständnis,
kann aber Hunsaker nicht mehr an die Gurgel fahren, denn gerade als er auf ihn losstürmt, taucht
ein Hubschrauber vor dem an der Steilküste liegenden Haus auf. An der geöffneten Seitentür der
Maschine sitzt ein Mann mit einem Maschinen-
gewehr, der sofort abdrückt, als er Hunsaker im
Visier hat. Sekunden später dreht die Maschine
ab. Roger beugt sich über den leblosen Körper
und sucht nach dem Puls. »Das war ein zu schneller Tod für Dich, Du Schwein.«

Der Todesschütze, den der Hubschrauber in Sicherheit bringt, erstattet seinem Auftraggeber via
Funk Bericht. Der General reagiert mit Zufrieden-
heit, als er von Hunsakers Tod erfährt. Ärgerlich
stimmt ihn nur, daß die beiden Polizisten, die
während des Mordanschlags dabei waren, mit

dem Leben davongekommen sind. Der General geht davon aus, daß Riggs und Murtaugh jetzt von der anstehenden Heroin-Lieferung wissen, also müssen auch sie ausgeschaltet werden.

Noch am selben Abend wird dieser Plan in die Tat umgesetzt. Riggs, der gerade einige Straßennutten nach Dixie befragt, wird von einem vorbeifahrenden Wagen beschossen und auch getroffen. Eine kugelsichere Weste rettet ihm das Leben, was die Attentäter allerdings nicht wissen können. Zur selben Zeit entführt eine zweite Truppe des Killerkommandos Murtaughs Tochter Rianne.

Als sich die Entführer melden, vereinbaren sie einen einsam gelegenen Treffpunkt, irgendwo in der kalifornischen Wüste. Während Roger auf die Gangster wartet, postiert sich Martin mit einem Präzisionsgewehr in sicherem Abstand. Von da aus wird es ihm nicht schwerfallen, seine Gegner der Reihe nach abzuknallen. Tatsächlich gelingt es ihm einige Treffer zu landen, doch diesmal muß er schmerzhaft erfahren, daß ihm keine Amateur-Gangster gegenüberstehen, sondern eiskalte, mit allen Wassern gewaschene Profis. Und ehe sich die beiden Cops versehen, befinden sie sich selbst in der Gewalt der Killer.

Der General höchstpersönlich kümmert sich um das Verhör von Murtaugh, der mit Schlägen zum Reden gebracht werden soll, während sein Assistent Joshua in einem anderen Raum Riggs eine Elektroschock-Behandlung angedeihen läßt. Trotz aller Schmerzen bleiben die Polizisten stumm — was sollten sie auch sagen, über die Lieferung

Mel Gibson und seine Frau Robyn. Zusammen mit ihren
sechs Kindern leben sie auf einer Farm bei Sydney.

Als Rockatansky wurde Mel Gibson weltberühmt — zur Kultfigur. Modemacher ahmten z.B. seine Lederkluft aus *Mad Max II* (unten) nach. Die Serie kam so gut an, daß *Mad Max III* (oben) zum erfolgreichsten australischen Film wurde.

Danny Glover und Mel Gibson sind *Zwei stahlharte Profis* (unten), die als Drogenfahnder Roger Murtaugh und Martin Riggs im *Brennpunkt L. A.* (rechts) gegen das Verbrechen kämpfen. Die beiden Schauspieler verhalfen den drei *Leathal-Weapon*-Filmen zu internationalem Erfolg. Fortsetzung folgt?!

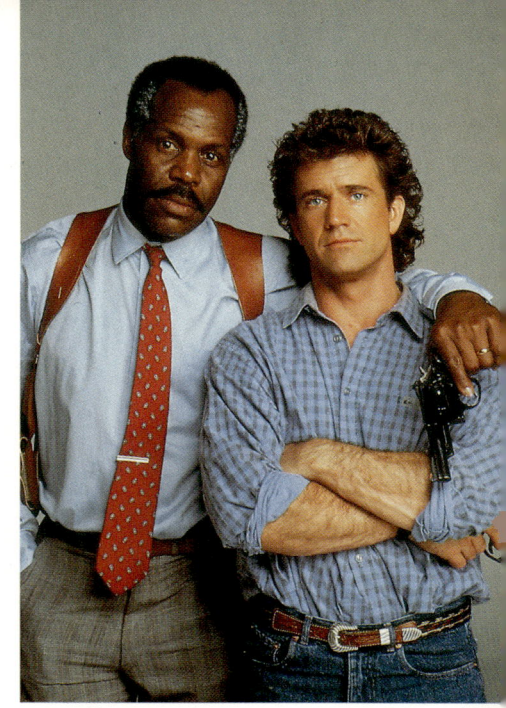

Auch in ernsten Rollen
kann Mel Gibson über-
zeugen: als Journalist
Guy Hamilton in *Ein
Jahr in der Hölle* (links,
mit Sigourney Weaver)
und als Frank, ein jun-
ger Australier, den es im
Ersten Weltkrieg in die
Schlacht von *Gallipoli*
verschlägt (unten).

Mel Gibson, ein Mann mit vielen Gesichtern: In *Menschen am Fluß* (oben) stellt er einen kleinen Farmer dar, der ein Staudammprojekt bekämpft. Im Remake *Die Bounty* (unten) spielt er den einfühlsamen 1. Offizier Fletcher Christian.

Ein Sträfling in *Flucht zu dritt* (links), ein Pilot in *Air Amerika* (unten), ein Zeuge auf der Flucht in *Ein Vogel auf dem Drahtseil* (rechts, mit Goldie Hawn): Drama, Action, Komödie — Mel Gibson läßt sich nicht auf eine Sparte festlegen.

Links: Mel Gibsons Ruf als Action-Star hat seiner Darstellung des *Hamlet* nicht geschadet.

Unten: Auch in *Forever young* spielt er eine Charakterrolle: die des Bomberpiloten Daniel McCormick, der bei einem Experiment eingefroren wird und sich 50 Jahre später mit einer völlig veränderten Welt auseinandersetzen muß.

F-19

wissen sie tatsächlich nichts. Doch trotzdem scheint ihr Schicksal besiegelt. Dann aber begeht Joshua einen schwerwiegenden Fehler. Als Martin nach der quälenden Prozedur schlapp in den Seilen hängt, läßt er ihn mit einem Bewacher allein, eine Chance, die sich der in fernöstlichen Kampfsportarten ausgebildete Polizist natürlich nicht entgehen läßt. Der Schlagabtausch dauert nur Sekunden. Mit seinem bewußtlosen Gegner auf den Armen stürmt Riggs anschließend ins Nebenzimmer. Wie ein Berserker stürzt sich Martin auf die umstehenden Männer und setzt einen nach den anderen außer Gefecht. Als sie sehen, wie ihre Verteidigungsmauer bröckelt, flüchten Joshua und sein General. Die beiden Polizisten folgen ihnen auf den Fersen.

Mitten auf dem Sunset-Boulevard, der Flanierstraße Hollywoods, kommt es zu einer wilden Schießerei, in deren Verlauf der General in seinem Fluchtfahrzeug in die Luft fliegt. Joshua hat mehr Glück, ihm gelingt es, eine vorbeifahrende Frau aus ihrem Wagen zu zerren und damit Richtung Highway zu flüchten.

Riggs kann den Flüchtigen eine ganze Zeitlang zu Fuß verfolgen. Auf der Autobahn verliert er ihn dann aus den Augen. Das bereitet ihm allerdings wenig Kummer, glaubt er doch das Ziel von Joshua zu kennen. Und Riggs hat recht mit seiner Prognose, daß Joshua in Murtaughs Haus auf die Ankunft der beiden Polizisten lauert. Doch statt den Killer gleich in Handschellen zu legen, nimmt Riggs die Herausforderung zu einem Zweikampf an. Natürlich geht Riggs als Sieger hervor, allerdings kann er es nicht verhindern, daß Joshua einem der umstehenden Polizisten seine Waffe entreißt. Fast gleichzeitig reißen daraufhin er und Murtaugh ihre Waffen hoch und feuern, bevor Joshua irgendwelchen Schaden anrichten kann.

Schon als die Dreharbeiten begannen, war sich Regisseur Richard Donner im Klaren darüber, daß der Finalkampf zwischen Mel Gibson und Gary Busey einzigartig werden mußte. Regieassistent Willi Simmons, selbst ein begeisterter Anhänger ungewöhnlicher Kampfsportarten, begab sich deshalb auf die Suche nach Martial-Arts-Experten, die ihre Fertigkeiten an Gibson und Busey vermitteln sollten. Am Ende heuerte der Regisseur drei technische Berater an, jeder für sich ein Meister im unbewaffneten Kampf. Der erste und wichtigste Mann hierbei war Cedric Adams.

»Adams zeigte uns den bestmöglichen Weg, um Riggs wirklich wie eine tödliche Kampfmaschine aussehen zu lassen. Er demonstrierte eine Form der Martial Arts, wie sie noch nie auf der Leinwand zu sehen war«, erklärte Richard Donner. Der zweite Mann, Dennis Newsome, unterrichtete die beiden Schauspieler im sogenannten »Jailhouse Rock«, einem Kampfsport, den die Schwarzen Amerikas im 19. Jahrhundert entwickelt hatten und den Sklaven die Möglichkeit bot, sich auch ohne Waffen zu verteidigen. Rorion Gracie schließlich, der dritte im Bunde, verhalf den Kampfszenen durch klassische Jiu-Jitsu zu Authentizität.

Diese drei Berater, zusammen mit dem leitenden Stunt-Koordinator Bobby Bass, selbst ein Judo-Schwarzgurtträger, bereiteten den Showdown mit Mel Gibsons Stunt-Double Mic Rogers vor. Jeder Schlag, jeder Tritt wurde sorgfältig choreographiert und abgestimmt, bevor der Star selbst vor die Kamera trat. Die Aufnahmen dauerten vier ganze Nächte, von der Dämmerung bis zum Morgengrauen. Für die beiden Schauspieler eine enorme Belastung, da sie Nacht für Nacht im Sprühregen eines geborstenen Wasserhydranten frieren und kämpfen mußten.

Ihr Kampfsporttraining nahmen Gary Busey und Mel Gibson auf, nachdem die Hälfte des Films abgedreht war. Für die beiden Mimen eine wahre Knochenarbeit, denn beide mußten zweigleisig arbeiten. Stand Gibson vor der Kamera, wurde Busey von den drei Experten unterrichtet und umgekehrt. Gleichzeitig mit den Stars übten auch ihre Stunt-Doubles, die allerdings nur wenig zum Einsatz kamen und nur in den langen Kameraeinstellungen vom Hubschrauber aus zu sehen sind. Den größten Teil des Finalkampfes bestritten die Schauspieler selbst. »Es war die schwierigste Szene des gesamten Films«, erinnert sich Richard Donner.

Shane Black hatte sein Drehbuch zu *Lethal Weapon* Mitte der 80er Jahre, kurz nach Beendigung seines Studiums an der UCLA, der Universität von California in Los Angeles, geschrieben. Sein Agent schickte es daraufhin dem Produzenten Joel Silver, der sich sofort für das Manuskript begeisterte und zusammen mit dem Autoren die Realisation in Angriff nahm. Eine Schlüsselfrage, die sich stellte, war die Frage nach dem Regisseur. Nach langen Diskussionen kam man auf Richard Donner, dem das Skript ebenfalls sehr gefiel, und der sich schon bald bereit erklärte, den Film zu machen. Nachdem diese grundsätzlichen Dinge geklärt waren, ging es darum, die Hauptrollen zu besetzen. Die Casting-Agentin Marion Dougherty war die erste, der Mel Gibson und Danny Glover in den Sinn kamen. Sie setzte sich mit beiden in Verbindung und brachte sie mit Silver, Black und Donner zusammen.

Der Regisseur erinnert sich: »Wir saßen zwei Stunden zusammen. Als es vorbei war, befand ich mich im siebten Himmel. Wir sprachen über das Drehbuch und Mel und Danny fanden Lacher, wo ich niemals welche gesehen hätte, sie fanden Tränen, wo keine existierten und — das schien mir am wichtigsten — sie fanden zueinander, sie entwickelten eine echte Freundschaft schon beim ersten Lesen. Wenn Sie mich also über dieses Casting befragen, dann kann ich nur sagen, es war magisch und explosiv zugleich.«

Mel Gibson stand schon lange vor *Lethal Weapon* auf der Wunschliste von Donner: »Ich wollte ihn schon 1985 für meinen Film *Der Tag des Falken* engagieren und traf mich deshalb auch einige Male mit Mel, aber er konnte leider nicht, weil er zu der Zeit mit einem anderen Projekt beschäftigt war. Als ich dann das Drehbuch von *Lethal Weapon* in die Hände bekam, sagte ich: ›Holt Mel!‹ Ehrlich gesagt, dachte ich nicht, daß er die Rolle annehmen würde, da er ja schon in *Mad Max* einen Polizisten gespielt hatte. Aber das Glück war uns hold. Ich schickte eine Kopie des Drehbuch an das Warner-Büro in Australien, das es an Mel weiterleitete. Schon am nächsten Tag rief er mich an. Eine Woche darauf saß er im Flugzeug, um sich mit mir zu treffen.«

Mel Gibson sagte über seine Gründe, die Rolle anzunehmen: »Die Geschichte war so ganz anders, als die, in denen ich vorher gespielt habe. Am besten gefiel mir, daß die Action nur als Vehikel diente, die Geschichte der beiden großartigen Charaktere zu erzählen. Riggs ist jemand, der nichts vom Leben erwartet, ein Clown, der sich selbst nicht wichtig nimmt, das macht ihn mir sympathisch. Ich glaube, er ist die Figur, die meiner eigenen Persönlichkeit am nächsten kommt.«

Donners anfängliche Bedenken, daß er es mit einem schwierigen Star zu tun bekommen würde, sollten sich schon rasch zerstreuen: »Lassen Sie mich sagen, daß er der härteste Hurensohn ist, der mir jemals untergekommen ist. Ich dachte, dieser Typ gehört zu der Sorte Schauspieler, die ankommen und jammern, sie hätten heute mal keine Lust zu arbeiten, die laufend meckern und mit nichts zufrieden sind. Aber nichts von alledem. Ich habe nie ein ›Nein‹ von Mel gehört, niemals eine Klage zu Ohren bekommen.«

Gibsons Kommentar: »Bei Richard Donner gab es keinen Grund zur Klage oder Unzufriedenheit, der Mann weiß was er tut. Und wenn ich eine Idee hatte, dann ging ich zu ihm, sagte ihm das und fragte, ob ich die Szene nach meinen Vorstellungen probieren könne und er sagte ja.«

»Mel Gibson, der sich nach einem Jahr Schaffenspause mit dieser Rolle auf der Leinwand zurückmeldet, wirkt hier wie pures Dynamit«, schrieb der Kritiker Gad Klein in der ›Szene Hamburg‹. »Diese letzte genuine Starschöpfung des internationalen Action-Kinos muß nicht permanent durch die Luft wirbeln oder Gegner niederschlagen, um eine Aura von Gefahr zu verbreiten. Gibson wirkt gerade im Stillstand, im Moment absoluter Bewegungslosigkeit am gefährlichsten. Seine Waffe sind die Augen. Die suggestiv-hypnotische Kraft seiner blauen Iris macht jede Großaufnahme zum Ereignis.« Während Klein damit Millionen, vor allem wohl weiblichen Fans, aus der Seele sprach, urteilte Rolf-Ruediger Hamacher im ›filmdienst‹ vom 11. August 1987 nüchtern, hart und vielleicht ungerecht, als er schrieb: »Inszenatorisch auf Fernsehniveau, schauspielerisch enttäuschend.«

Gespalten wie die Presse über ihn urteilt, ist auch das Verhältnis von Mel zu den Medien: »Ich schätze, daß ich im Grunde gar keine so interessante Figur bin, denn ich lebe ein normales Leben und komme beruflich mit meinen Filmpartnern meist sehr gut aus. Nichts schlagzeilenträchtiges also. Ich will auch keine Publicity für mich, sondern nur für meine Filme. Ich hasse es, von Reporter zu Reporter gehetzt zu werden, um meine Filme zu loben. Ich denke, wenn meine Filme gut sind, dann wird sich das beim Publikum schon herumsprechen. Aber leider denken die Studios anders darüber.«

# Flops für Fans: Tequila Sunrise und Ein Vogel auf dem Drahtseil

Nach der superharten Action von *Zwei stahlharte Profis* wollte sich Mel Gibson einem etwas intellektuelleren Thema zuwenden, aber trotzdem keinen »langweiligen« Schauspielerfilm machen. Robert Townes Angebot, in *Tequila Sunrise* die Hauptrolle zu spielen, kam da gerade recht. Der Autor und Regisseur, der für sein Drehbuch zu *Chinatown* bekanntlich mit dem Oscar ausgezeichnet wurde, hatte die erste Fassung zu seinem neuen Film schon 1986 geschrieben und sie mit seinem guten Freund Roman Polanski durchgesprochen. Bei diesem Anlaß traf er in Paris auch den Produzenten von Polanskis Film *Frantic*, Thom Mount, der das Buch ebenfalls las und sofort begeistert war.

Mount sagte später dazu: »Das Script, das ich las, war eine wunderbare Geschichte über Freundschaft, Loyalität und Betrug. Es war ein Erwachsenenfilm für unsere Generation, so wie es Jahre zuvor Townes *Shampoo* gewesen war.« Nachdem Mount und Towne einige Schauspieler vor ihrem geistigen Auge vorüberziehen ließen, die sie sich für die Verfilmung wünschten — dabei war auch der Name Mel Gibson gefallen — fragte der Autor den Produzenten, ob der nicht das Projekt übernehmen wolle. Mount sagte schnell zu. Es gab auch keine Diskussion darüber, wer den Film inszenieren solle — Towne selbst wollte seinen eigenen Stoff auf die Leinwand bringen. Keiner sonst hatte soviel Einblick in die komplizierten Charaktere, in den Lauf der Geschichte.

Dale McKussic, gespielt von Mel Gibson, will 'raus aus dem Drogengeschäft, aber niemand macht ihm diesen Ausstieg leicht. Seine Zeit als Vermittler im Narkotika-Handel war einträglich, aber langsam denkt Mac, wie sie ihn alle nennen, immer mehr über die weitreichenden Konsequenzen seines Tuns nach. Seiner Ex-Frau mißfällt dieser Entschluß, denn sie ist einen aufwendigen Lebensstil gewohnt, den ihr der Drogendealer bieten konnte. Sie droht damit, ihm das Sorgerecht für den gemeinsamen Sohn entziehen zu lassen, wenn er nicht genug Geld heranschafft. Auch sein Cousin, der Kleingangster Lindroff, sähe ihn lieber weiter im Geschäft, hauptsächlich, um mit dessen guten Namen in der Szene selbst kleine Geschäfte zu machen.

Doch da gibt es auch die andere Seite, einen, der unbedingt möchte, daß Mac die Finger von solchen Machenschaften läßt. Nick Frescia (Kurt Russel), sein bester Freund aus High-School-Zeiten und inzwischen ein gefürchteter Drogenjäger, hat von seinen Vorgesetzten den konkreten Auftrag, Mac hinter Gitter zu bringen. Einmal abgesehen von ihren professionellen Unterschieden haben beide Männer dieselben Interessen: schnelle Wagen, schöne Frauen, Spaß am Leben. Diese Interessen

schließen plötzlich auch Jo Ann Vallenari (Michelle Pfeiffer) ein, eine bildhübsche Restaurantbesitzerin, für die Mac lange Jahre »nur ein guter Kunde« war. Doch eben diese Kundschaft bringt auch die Polizei in das Lokal, denn Mac steht seit geraumer Zeit unter Überwachung. Die Polizei will unbedingt herausfinden, ob er auch in einen laufenden Deal mit dem mysteriösen Super-Boß Carlos verwickelt ist, einem lateinamerikanischen Koks-Baron, mit dem Mac einst eine mexikanische Gefängniszelle geteilt hat.

Weil Mac sich Carlos verbunden fühlt, willigt er ein, ein letztes Mal eine »Zahlungsangelegenheit« für den Ex-Freund zu regeln. Je mehr er an dieser Angelegenheit arbeitet, zieht sich der Ring um ihn und Carlos dank Nicks Überwachung zu. Auch die hübsche Jo Ann gerät immer mehr in den Strudel der Ereignisse, denn sie fühlt sich physisch und psychisch zu beiden Gegenspielern, Mac und Nick, hingezogen. Letztlich muß sie sich aber für einen der beiden entscheiden: Ist Mac wirklich bereit auszusteigen? Sind seine Gefühle für sie echt? Oder will er sie nur heiraten, weil Ehefrauen nicht gegen ihre Männer aussagen müssen? Und was ist mit der Liebe, die Nick ihr gesteht? Ist sie ehrlich gemeint oder nur ein Schachzug, um den ehemaligen Kumpel samt Drogen-Boß einzufangen?

Robert Towne gönnt der Geschichte ein Happy-End: Natürlich siegt die Liebe und nicht das Ausnutzen derselben und damit auch wieder einmal Mel Gibson. Seine Rolle auszugestalten war sicher die schwerste Aufgabe des Drehbuchs, denn wie stellt man einen Drogendealer mit kriminellem Hintergrund als sympathischen Liebhaber dar? »Es ist nämlich eine Geschichte über den Drogenhandel«, erklärte Towne, »aber es geht auch darum, was Liebe wirklich ist. Der eine Typ in Schwierigkeiten und der andere in respektabler Position lieben die gleiche Frau — und diese Frau liebt schließlich den, der ihr die meiste Wahrheit entgegenbringt. Sie vertraut in die Zukunft, unabhängig von seiner Vergangenheit«.

Eigentlich wollte Towne in der allereisten Fassung aus Mac einen viel brutaleren Typen machen und ein bitteres Ende für ihn ausbauen wie seinerzeit in *Chinatown*. Doch »als mir klar wurde, daß Mel Gibson die Rolle spielen mußte«, milderte er den Drogen-Background des Helden etwas ab: »Mac ist ein Großhändler. Der hat nie gesehen,

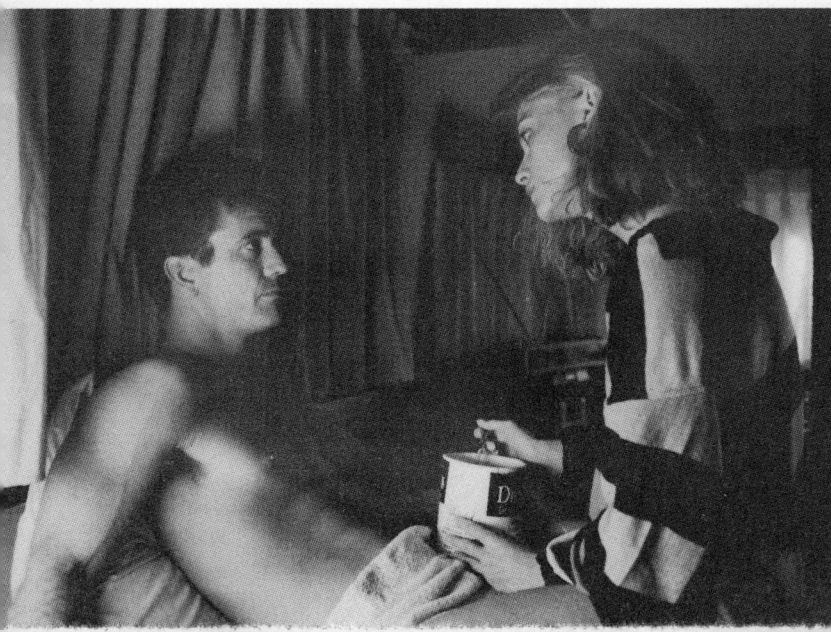

welchen furchtbaren Effekt Drogen auf die Kinder haben, die sie nehmen. Der ist naiv und denkt darüber lange nicht nach. Als er es dann ernsthaft tut, bleibt ihm nur der Ausstieg. Dafür wird er geliebt, das legitimiert auch das Ende. Wir steigen in sein Leben ein, als er gerade dabei ist, sich zu verändern. Er ist paranoid an diesem Punkt, und er hat einen guten Grund dafür: Man überwacht jeden seiner Schritte. Ich wüßte niemanden, der diese beiden Seiten so gut spielen könnte wie Mel Gibson.«

Wieder einmal war dem Darsteller seine Fähigkeit, »gut« und »böse«, »cool« und »naiv« gleichermaßen überzeugend rüberbringen zu können, nützlich geworden, wieder einmal hatte er einen Part gespielt, in dem ein Stückchen Max Rockatansky, Guy Hamilton oder auch Ed Biddle zu sehen waren. »Mel ist ein einfacher, leicht zu verstehender Typ«, lobt Robert Towne seinen Hauptdarsteller. »Er macht einfach, was er macht. Er ist einzigartig. Alles an ihm ist so normal, daß es nicht auffällt — aber wenn man eine Kamera auf ihn richtet, dann nimmt man ihn plötzlich wahr, dann wird er zum Filmstar.«

Um sich auf ihre Rollen vorzubereiten, trafen Mel Gibson, Michelle Pfeiffer und Kurt Russell jeweils mit ihren Rollen-Alter-Egos aus dem richtigen Leben zusammen: Gibson traf einen Drogendealer, der sich aus dem Geschäft zurückgezogen hatte, Michelle Pfeiffer die Besitzerin eines Nobelrestaurants in Beverly Hills und Russell schließlich einen Drogenjäger. Gemeinsam verbrachten sie eine

Reihe von Wochenenden, damit sie sich in ihren Rollen sicher fühlen konnten. »Aber so wichtig war das auch wieder nicht«, erinnerte sich Gibson später daran, »Robert hatte sowieso schon alles ins Drehbuch geschrieben. Er hatte den größten Teil der Recherchen selbst gemacht.« Und Russell: »Alles was in meinem Teil des Drehbuchs stand, stellte sich als total real und richtig heraus — mein alter ego fand keinen Fehler.« In der Tat — Perfektionist Towne hatte reichlich recherchiert und jede Situation, die in seinem Script vorkam, an möglichen echten Situationen getestet. »Ich habe mich auf Erfahrungsberichte von realen Menschen verlassen, mit denen ich mich monatelang traf und Hunderte von Telefonaten führte.« Bei dieser Gelegenheit eliminierte er dann sämtliche Schwachpunkte des Scripts, bevor die Darsteller es in die Hände bekamen.

Die Dreharbeiten zu *Tequila Sunrise* begannen im Februar 1988 in den Städten südlich der Metropole Los Angeles, dort, wo Robert Towne selbst aufgewachsen war. An den Stränden von Manhattan Beach, Redondo Beach, Venice, Santa Monica und in der Umgebung wurde gedreht, und die Darsteller nahmen die Gelegenheit wahr, sich in den Drehpausen in die Sonne zu legen. Mel Gibson hatte sich schon einige Monate zuvor, während er *Zwei stahlharte Profis* drehte, ein Strandhaus in Malibu angemietet, groß genug für seine gesamte Familie, zu der in dieser Zeit schon fünf Kinder zählten. Das Fünf-Millionen Dollar-Haus hatte Tennisplatz, Swimming Pool und ein eigenes Strandhaus. Bei manchen Szenen von *Tequila Sunrise* konnte der Star in der Mittagspause zu Fuß nach Hause gehen. Die Innenaufnahmen wurden ebenfalls alle in der gleichen Gegend gedreht, denn dort mietete man eine große Lagerhalle an, in deren einer Hälfte Macs zweistöckige Wohnung erbaut wurde. Die andere Hälfte beherbergte das Restaurant von Jo Ann Vallenari sowie dessen Küche und Weinkeller. Der Requisiteur des Films, der eigentlich für die im Drehbuch verlangten exklusiven Speisen hätte sorgen müssen, durfte während dieser Szenen frei nehmen, denn Townes Perfektionismus verlangte das beste Essen aus dem besten Restaurant der ganzen Stadt, um die exklusive Atmosphäre absolut detailgetreu wiederzugeben. Also waren an diesem Tag die allerbesten Köche von L. A. zugegen und bekochten die Stars samt den Komparsen an den Nebentischen. Auch die

Abschlußparty am letzten Tag fand in einem No-
bel-Restaurant statt ...

So perfekt *Tequila Sunrise* aber gedreht war, so
traurig war letztlich doch die Resonanz beim zah-
lenden Publikum – und das, obwohl die Kritiker
mit dem Film äußerst wohlwollend umgegangen
waren. Von vielen wurde Gibsons Verletzlichkeit
als Mac ausdrücklich gelobt, von einigen aber auch
regelrecht verrissen: sie hätten eher einen härteren
Drogendealer und vielleicht auch ein böses Ende
erwartet. Jeder der drei Hauptdarsteller in dem
Film spielt eine Rolle mit mehreren Facetten und
dieses Intrigenspiel verunsicherte vielleicht das
breite Publikum. »Gibson sexy as ever« schrieb
»USA Today« – und das war in dem Jahr, als er
anderswo »The Sexiest Man in the World« genannt
wurde. Vielleicht ein wenig zu »sexy« für einen
Drogendealer. »Schade, daß er nie in echte Gefahr
gerät«, bedauerte die »L. A.-Times«, deren Rezen-
sent aber am Schluß fast versöhnend hinzufügte:
»Der Film hinterläßt einen durstig und macht Hun-
ger auf mehr.«

Der Star selbst hat sich nach Abschluß der Dreharbeiten auch nicht lange mit Nachdenken aufgehalten. Er stürzte sich sofort in das nächste Projekt,
eines, woran er so viel Spaß hatte, daß wir ihm in
diesem Buch ein ganzes Kapitel gewidmet haben:
*Lethal Weapon II – Brennpunkt L. A.* Unmittelbar
darauf folgte aber auch wieder ein Film, von dem er
heute sagt, daß er ihn inzwischen gar nicht mehr
besonders mag: *Ein Vogel auf dem Drahtseil.* »Ja,

das sind die Dinge, die man vorher nicht weiß — wenn ich die Entscheidung noch einmal treffen könnte, würde ich den Film nicht machen.«

Die Story ist spannend — auch wenn sie eine unglaubliche Verkettung von unglaublichen Zufällen ist: Rick Jarmis (Gibson) ist ein Mann mit Vergangenheit, und die holt ihn immer wieder ein. Seit 15 Jahren wechselt er ständig seine Identität und den Aufenthaltsort. Doch er kann sich nicht ewig verstecken.

Eugene Sorenson (David Carradine), Polizistenmörder und Drogenhändler, wird aus dem Gefängnis entlassen, weil er seine Strafe abgesessen hat. Doch nun will er sich an dem Mann rächen, der ihn da hineingebracht hat. Sein alter Freund Albert Diggs (Bill Duke) holt ihn ab.

Marianne Graves (Goldie Hawn), eine junge Anwältin, hat während einer Geschäftsreise eine Begegnung mit einem Tankwart, der ganz verblüffend einem Mann ähnelt, in den sie vor 15 Jahren einmal heftig verliebt war und der dann Hals über Kopf verschwand. Sie spricht ihn mit »Rick Jarmis« an, doch er erwidert: »Sie müssen sich irren, Lady.«

Marianne entschließt sich, abends die Tankstelle zu beobachten, sie ist sicher, daß ihr Ex-Freund sich verleugnet. Da wird sie Zeugin eines brutalen Überfalls auf Rick, zwei Männer wollen ihn umbringen. Geistesgegenwärtig rettet sie ihn aus der Situation — außer einem Schuß in den Hintern ist er unverletzt. Schon am nächsten Morgen tauchen die Killer, Sorensen und Diggs, wieder auf

und nur durch eine haarsträubende Kletterpartie können Mel und Goldie erneut entkommen. Marianne erfährt jetzt, daß Rick damals in einen Drogendeal verwickelt war, sein Bruder dabei starb und er gegen Sorensen und Diggs aussagte, zwei ehemalige Undercover-Agenten, die aber selbst zu Dealern wurden. Ein Zeugensicherungsprogramm besorgte Rick stets falsche Identitäten, doch irgendwoher scheinen die Killer trotzdem immer zu wissen, wo er sich aufhält.

Bei der wilden Schießerei an der Tankstelle ist Ricks Kollege unglücklicherweise getötet worden und die Polizei verdächtigt ihn schon bald des Mordes. Aber er muß auch vor der Polizei fliehen, denn er ahnt, daß er das Untersuchungsgefängnis nicht lebend verlassen würde. Seine Gegner haben offenbar Verbindung zur höchsten Ebene der Sicherheitsorgane. Seiner neuen Begleiterin werden gar die Konten gesperrt. Pech im Überfluß, aber Glück in der Liebe: Auf der Flucht kommen sich die beiden wieder ebenso nahe wie damals, und es gibt Eifersuchtsszenen, als eine andere Ex-Freundin von Rick in augenscheinlicher Kenntnis der Anatomie des ehemaligen Lovers die Kugel aus seinem Po pult. Doch schon wieder sind die Gangster da und ihnen bleibt nur die Flucht zu Dritt in einem klapprigen Propellerflugzeug. Das hilft aber auch nicht, denn die Verfolger haben einen Hubschrauber — es kommt zur Luftschlacht. Das Finale findet in einem Zoo statt, und Rick und Marianne müssen zwischen tierischen und menschlichen Bestien beweisen, daß die Liebe stärker ist als alle Gewalt!

»Wäre es nicht toll, wenn man Goldie Hawn und Mel Gibson in diesem Film zusammenbringen könnte«, hatte John Badham geschwärmt, der Regisseur, der mit seinen Filmen *Nur Samstag Nacht*, *Das fliegende Auge*, *Wargames* und *Nr. 5 lebt* für großes Aufsehen sorgte. »Die würden hier toll zusammen passen. Ein wenig unerwartet zwar, aber sehr erfrischend.« Der Wunsch ging in Erfüllung — er bekam die beiden Darsteller und konnte etwas völlig Neues ausprobieren: »Man braucht solche Herausforderungen. Ich wollte schon immer einmal eine Komödie mit Non-Stop-Action drehen. Die richtige Balance hierfür zu finden ist sehr spannend.«

Mel Gibson kam direkt von seinem Set zu *Lethal Weapon II — Brennpunkt L. A.* nach Vancouver in

Kanada und hatte daher direkte Vergleichsmöglichkeiten beider Filme aus der Sicht des arbeitenden Schauspielers: »Die Stimmung hier und die Stimmung dieses Films ist ungleich lockerer als die von *Brennpunkt L. A.* Dieser Film ist viel lustiger und warmherziger. Vorher war ich mir nicht sicher, ob die Rolle mir liegen würde, deshalb habe ich mich einfach darauf eingelassen, und es hat gut geklappt. Die Zusammenarbeit mit Goldie war sehr spontan und humorvoll und von ihr kamen eine Menge sehr guter Ideen in bezug auf unser Zusammenspiel im Film.«

Zu ihrer Beziehung im Film sagte er: »Marianne zu treffen, ist für Rick so etwas wie eine Wiedergeburt oder eine Heimkehr. Man muß es sich vorstellen: Das ganze Leben ist nur noch eine große Lüge, und in diesem Augenblick trifft man die eine Person, die das richtige Bild von einem hat. Die Wahr-

heit zu erzählen ist eine große Befreiung für ihn.»
Die Oscargewinnerin Goldie selbst war ebenfalls
von der Verbindung aus Komödie und Action angetan.

*Ein Vogel auf dem Drahtseil* (im Original: Bird on
the Wire) entstand vollständig in Vancouver und
Victoria im kanadischen Bundesstaat British Co-
lumbia. Die Stunts mit den Flug-Szenen wurden in
Washington State abgedreht, die Zoo-Szenen in
den Bridge-Studios in Vancouver, die in zweimona-
tiger Arbeit zum großen Bestiarium umgebaut
wurden. Regenwald-Gegenden wechseln sich mit
künstlichen Felsformationen ab, tausende von
Pflanzen wurden durch ein Heer von Gärtnern ein-
gepflanzt — die einzelnen Bereiche waren natürlich
tiergerecht angelegt. Das war wichtig, denn Mel
und Goldie hatten es dort mit sechs Tigern, einer
Löwin, drei Jaguaren, einem Pavian (dem einzigen
dressierten der Welt), sechs Schimpansen, vier
Krokodilen, einem großen Waran, Leguanen, Py-
thonschlangen und 25 Papageienarten zu tun. Der
Veteran unter den Filmtier-Trainern, Monty Cox,
sorgte umsichtig dafür, daß keinem der menschlichen und animalischen Darsteller etwas geschehen konnte.

Der Film hatte »etwas Altertümliches, etwas,
was an die 60er und frühen 70er Jahre erinnert«,
meinten viele Kritiker, und das mißfiel ihnen. »Sie
stolpern und holpern sich so durch« schrieb die
»L. A.-Times«, »und das reicht nicht aus«. »Ein
grausames Drehbuch, kein bißchen überzeugend,
nur Mel und Goldie sind ein gutes Team«, merkte

»Variety« an und sah die Sache damit gerade andersherum als der gelobte Hauptdarsteller selbst, der sich zwei Jahre nach diesem Flop so äußerte: »Ich meine, das Drehbuch war wesentlich vielversprechender als der fertige Film«, bekannte er. »Vielleicht hab' ich es auch versaut. Ich weiß es nicht. Vielleicht war's aber auch überhaupt nicht mein Fehler.« Aber wir kennen ja Gibsons Einstellung, sich nicht lange mit dem Vergangenen aufzuhalten und wir wissen, daß er Rollen nach Gefühl auswählt und Fehlschläge einkalkuliert. Einmal abgesehen vom miserablen Einspielergebnis dieses Films gab es niemanden, der seinen Einsatz hierfür als Fehlschlag bezeichnet hätte.

# Brisanter Polit – Thriller:
## Brennpunkt L.A.

Mit den mehr als 100 Millionen Dollar, die *Lethal Weapon – Zwei stahlharte Profis* weltweit an den Kinokassen einspielte, konnte es nur eine Frage der Zeit sein, bis Produzent Joel Silver eine Fortsetzung in Auftrag gab. Schließlich läßt man eine solche Möglichkeit zum Geldverdienen nicht ungenutzt vorübergehen. Während aber üblicherweise Fortsetzungen nur einen schwachen Abklatsch des Originals darstellen, war Silver, trotz seiner auf Profit ausgerichteten Interessen, daran gelegen, einen Film zu machen, der dem ersten Teil in nichts nachsteht. Nach dem bewährten Motto »Never Change A Winning Concept« engagierte er deshalb die selbe Mannschaft, die schon *Lethal Weapon* zum Erfolg verhalf. Shane Black und sein Co-Autor Warren Murphy lieferten die Geschichte, die Jeffrey Boam zu einem Drehbuch verarbeitete. Richard Donner der inzwischen Erfolge wie *Superman – Der Film* und *Die Goonies* inszeniert hatte, übernahm wieder die Regie. Das Wichtigste aber: Danny Glover und Mel Gibson erklärten sich bereit, erneut die Hauptrollen zu spielen.

Nachdem die Personalfragen geklärt waren, machten sich Donner und seine Autoren daran, das Drehbuch zu bearbeiten. Die ursprüngliche Fassung sah vor, daß sich die beiden L.A.-Cops Riggs und Murtaugh mit einer Gang kolumbianischer Drogendealer anlegen. Doch die Geschichte schien dem Regisseur zu oberflächlich, ihm stand der Sinn nach einem triftigeren Grund, weshalb die beiden Polizisten zur Gewalt greifen. Action allein um der Action willen – so einfach wollte es sich Donner dann doch nicht machen. Also kam man auf die Idee, das Thema Apartheid und die politische Situation in Südafrika als Aufhänger zu nehmen

Donner meinte dazu: »Wir entschieden uns, weiße Südafrikaner als Bösewichter darzustellen, weil es so möglich war, einen politischen Kommentar in einen Unterhaltungsfilm einzubauen, ohne dabei auf den Zuschauer mit dem Knüppel einzuschlagen.« Dem britischen Schauspieler Joss Ackland, der im Film den Ober-Schurken darstellt, gefiel die Idee: »Der Film kann viel Gutes tun, weil er zeigt, wie dumm und menschenverachtend Apartheid ist. Und der Film erreicht Millionen Menschen, während politische Filme wie *Zwei Welten* nur ganz wenige, und schon gar keine Teenager erreichen. Aber die Kids werden diesen Film sehen.«

Neben solchen grundsätzlichen Aussagen des Films legte Richard Donner großen Wert darauf, daß sich die beiden Helden des Films veränderten und weiterentwickelten. Vor allem Martin Riggs, der im ersten Teil von einer beängstigenden Todessehnsucht geplagt wurde, sollte wieder Tritt gefaßt haben. »Im ersten Film«, sagt der Regisseur, »hat es das Leben Riggs leichtgemacht, so daß er keinen Respekt davor hatte. Jetzt hat er sich zwar verändert, aber er liebt es immer noch, auf Messers Schneide zu leben. Ich betrachte Martins Charakter ähnlich dem des Stuntmans Dar Robinson, der nach Gefahr lechzte, und dennoch das Leben liebte. Mel ist im wirklichen Leben ebenso.« Dazu sei erwähnt, daß Dar Robinson, der Chefstuntman von *Lethal Weapon – Zwei stahlharte Profis,* kurz nach den Dreharbeiten bei einem Motorradunfall ums Leben kam und Donner ihm daraufhin seinen Film widmete.

»We're back! We're bad! You're black! I'm mad!« (Wir sind zurück! Wir sind böse! Du bist schwarz! Ich bin verrückt!) Mit diesem Dialog kündigten die Warner-Studios den zweiten Teil der furiosen Action-Komödie *Lethal Weapon* an. Ein Dialog, der charakteristisch für die schräge Selbstironie ist, die das Werk kennzeichnet. Nun sind sie also wieder da, Martin Riggs, der selbstmörderische Cop, dem es egal war, ob er lebte oder starb, und sein unfreiwilliger Partner, der vorsichtige, bedächtige farbige Familienvater Roger Murtaugh. Neu dabei: Leo Getz, dargestellt von Oscar-Preisträger Joe Pesci (*Wie ein wilder Stier*), ein Kronzeuge, den es zu beschützen gilt. Doch bevor Riggs und Murtaugh die Bekanntschaft des nervigen Zeitgenossen machen, haben sie noch einige aufregende Abenteuer zu bestehen.

Normalerweise geht es nach Sonnenuntergang auf den Straßen von Los Angeles relativ ruhig zu.

Nicht so am 28. November 1988. Da nämlich fand in der Innenstadt der Westküstenmetropole eine wilde Verfolgungsjagd statt. Zwei Detektive in einem zivilen Polizeiauto und ein weiteres Dutzend Streifenwagen rasten mit blinkenden Blaulichtern einem roten BMW hinterher. Plötzlich, ohne jede Warnung, übertönt der Knall einer Pistole das Sirenengeheul und die Windschutzscheibe eines der Verfolgerautos fliegt in tausend Scherben. »Großartig! Die Szene ist gekauft«, brüllt Regisseur Richard Donner am ersten Drehtag zu *Lethal Weapon 2 – Brennpunkt L.A.*

Die Problemlosigkeit, mit der schon der erste Aufnahmetag über die Bühne ging, verlieh Donner Selbstsicherheit. Dabei war er anfangs, als ihm Produzent Joel Silver vorschlug, eine Fortsetzung des 1987 von ihm inszenierten Kassenschlagers *Lethal Weapon – Zwei stahlharte Profis* zu drehen, so gar nicht von dem Projekt überzeugt. »Wenn ich in der Vergangenheit einen Kinofilm, oder einen Pilotfilm fürs Fernsehen fertiggestellt hatte, betrachtete ich mein Werk stets als vollendet. Es wurden zwar Sequels von meinen Filmen gemacht, wie beispielsweise von *Omen* und *Superman*, aber niemals von mir. Ursprünglich hatte ich das auch bei *Lethal Weapon* nicht vor und wollte meine Mitarbeit an einer Fortsetzung auf die Produktion, zusammen mit Joel Silver, beschränken.« Während der Planungsphase des Films wurde Donner jedoch mehr und mehr involviert, so daß er schließlich seine Meinung änderte: »Als ich das großartige Drehbuch von Jeffrey

Boam in die Hände bekam, war bei mir der Punkt, an dem ich mir sagte, daß niemand anders diesen Film inszenieren dürfe.«

Mel Gibson, der als »Mad Max« schon Erfahrungen mit Fortsetzungsfilmen sammeln konnte, war froh, daß sich Donner schließlich doch bereit erklärte, die Regie zu übernehmen: »Es gibt so viele Action-Filme auf dem Markt, daß sie dem Zuschauer aus den Ohren herausquillen. Aber Quantität garantiert noch lange keinen Erfolg. Was *Lethal Weapon* einzigartig in diesem Genre macht, ist die Tatsache, daß Richard Donner es wie kein anderer versteht, daß Action allein überhaupt nichts bedeutet, wenn der Zuschauer keinen Zugang zu den Helden und Charakteren findet. Richard gab sich große Mühe und erlitt viele Qualen bei der Herstellung der Hintergrundgeschichte. Die Story mußte lückenlos und glaub-

würdig sein, bevor er den Zuschauer mit der Action auf eine halsbrecherische Achterbahnfahrt schickt. Es gibt keinen anderen Regisseur, dem Danny Glover und ich die Charaktere von Riggs und Murtaugh lieber anvertraut hätten, als dem Mann, der viel dazu beigetragen hat, sie zu kreieren: Richard Donner.«

»Die erneute Zusammenarbeit mit Richard und Mel macht aus dem Film vielmehr eine Fortsetzung als ein Sequel«, ergänzt Danny Glover seinen Partner Gibson. »Und das obwohl wir Riggs und Murtaugh seit zwei Jahren nicht gesehen haben. Die Beziehung der beiden hat sich so ineinandergreifend entwickelt, daß man nicht das Gefühl hat, daß so lange Zeit vergangen ist. Das Publikum muß nicht raten, was in der Zwischenzeit passiert ist. Donner hat es im zweiten Teil auf wundersame Weise geschafft, daß die Leute durch das Zusammenspiel von Riggs und Murtaugh sofort wissen, was in diesen zwei Jahren passiert ist.«

Vor allem an der Entwicklung des Charakters Riggs fand Gibson großen Gefallen. Als er im Drehbuch las, wie sich der selbstmordgefährdete Polizist wandelt, wie er neuen Mut zum Leben faßt, gab es für ihn keinen Zweifel mehr, die Rolle erneut anzunehmen: »Wenn man Riggs im ersten Teil sieht, trifft man ihn auf einem absoluten Tiefpunkt an«, erklärt Gibson. »Durch die Ereignisse in *Lethal Weapon* bewältigt er seine persönliche Krise und hadert nicht mehr mit dem Schicksal. Das Ergebnis dieser Entwicklung kommt im zweiten Teil zum Tragen. Er reitet nun nicht mehr auf Messers Schneide und versucht nicht mehr, sich unter allen Umständen umzubringen. Das ermöglicht es mir, den Charakter anders darzustellen, ihn mit Lebensfreude und vor allem Humor auszustatten.«

Einer totalen Wandlung allerdings wollte Gibson seinen Martin Riggs dann aber doch nicht unterziehen. Schließlich sollte aus dem Draufgänger nicht plötzlich ein biederer Familienvater werden: »Kerle wie Riggs sind abhängig von dem Adrenalin in ihrem System. Sie leben für eine lange Zeit ihres Lebens auf extreme Weise und wollen dieses Leben auch nicht über Nacht aufgeben.« So gibt dann Riggs auch nicht seinen halsbrecherischen Lebensstil auf, sondern würzt ihn nur mit viel Humor, wie Gibson zu berichten weiß: »Seit drei Jahren fahren nun Riggs und Murtaugh in einem Auto durch die Gegend. Das ist vielleicht schon ein bißchen zu lange, denn die beiden benehmen sich schon fast wie ein verheiratetes Paar, das permanent über irgendwelche Kleinigkeiten streitet, wie beispielweise welcher Belag auf das Sandwich gehört und welcher nicht.« Richard Donner ergänzt: »Viele Filme werden für die Spezialeffekte und Stunts geschrieben. Die Charaktere dienen nur dazu, die Action zu unterstützen. Als wir *Lethal Weapon* konzipiert haben, konzentrierten wir uns hauptsächlich auf die Charaktere und bauten die Action-Sequenzen um sie herum, nicht umgekehrt. Das gleiche passierte in *Lethal Weapon 2*. Erst kamen die Charaktere, dann die Situationen, mit denen wir sie konfrontierten.«

Obwohl Donner den Schwerpunkt des Films auf seine Protagonisten setzte, hatten die Stunt- und Special-Effects-Koordinatoren des Films alle Hände voll zu tun. So zerstört Riggs beispielweise ein Haus in den Hügeln von Hollywood. Filmarchitekt John Lautner mußte für diese Szene zwei Modelle anfertigen. Eines auf Bühne 1 in den Burbank Studios und ein zehn Tonnen schweres Duplikat am Drehort in Newhall, zwanzig Meilen nördlich von Los Angeles. Mit neun Kameras drehte Donner die Sequenz, in der das Haus zusammenstürzt und den Berg hinunterkracht.

Solche spektakulären Szenen erklärt Mel Gibson mit dem Anspruch, daß ein Sequel nicht schlechter sein dürfe, als der Originalfilm. »Üblicherweise sind Sequels nicht so gut, wie die Originalfilme und als Schauspieler spürt man den extremen Druck, die Standards, die man im ersten Teil gesetzt hat, erneut zu erfüllen. Die Gründe, warum wir das Wagnis einer Fortsetzung eingegangen sind, lagen sicherlich einerseits darin, daß wir die Charaktere mochten und die Gelegenheit erhielten, sie auf einen neuen Weg zu bringen. Eingebettet in aufsehenerregende Action-Szenen. Ich glaube, das ist uns erfolgreich gelungen. Ich jedenfalls hatte eine tolle Zeit bei den Dreharbeiten und ich glaube, das Publikum wird diese Begeisterung zu spüren bekommen.«

Schon in der ersten Szene des Films spürt das Publikum diese Begeisterung. Riggs trommelt ge-

gen das Wagendach und stößt wildes Indianerge-
heul aus: »Ich liebe diesen Job, kannst du nicht
schneller fahren?« Murtaugh sitzt hinter dem
Steuer, und blickt seinen Partner entgeistert an:
»Das ist der neue Wagen meiner Frau, ich fahr'
nicht schneller.« Martin kann nicht ruhig bleiben,
wild gestikulierend federt er auf seinem Sitz auf
und ab. Vor ihnen rast ein roter BMW die Straße
entlang. Die Verfolgungsjagd hat sich inzwischen
zu einer wilden Schießerei ausgeweitet. Die
Flüchtigen haben Murtaughs Windschutzscheibe
auf dem Gewissen. Doch das soll nicht der einzige Schaden bleiben. Nachdem Riggs seinen
Freund erfolgreich vom Steuer verdrängen konnte,
holt der Kombi zwar immer weiter auf, bekommt
dabei aber einige Schrammen und Beulen, deren
Entstehen Roger mit einem jammervollen Heulen quittiert. Als der Wagen schließlich zum Stehen kommt, weil der BMW sich überschlagen

hat und in einer Schaufensterscheibe gelandet ist, betrachtet Roger sein demoliertes Fahrzeug und brüllt vorwurfsvoll: »Das war ein brandneuer Wagen, Riggs.« Doch der zuckt nur die Schultern: »Ooch, er ist es doch noch.« Gemeinsam stürzen die Cops auf den BMW, um den Fahrer aus dem Wrack zu zerren, doch der Wagen ist leer. Nur aus dem Kofferraum tönt ein merkwürdiges Geräusch. Als Riggs gegen das Schloß tritt, fliegt der Deckel des auf dem Dach liegenden Autos auf und eine Flut Goldmünzen ergießt sich auf die Straße. »Heiliger Strohsack, ist das ein Haufen Geld.« – »Das sind Krügerrand, die darf man hier gar nicht einführen.«

Hans, der Fahrer des Flucht-BMWs, betritt wenig später ein Büro, in dem zwei Männer auf ihn warten. Der Ältere, der hinter einem wuchtigen Schreibtisch thront, bittet den blonden Mann, näher zu treten. Die Plastikplane am Boden entschuldigt er mit dem Hinweis auf die Maler. »Sind Sie in Ordnung?« – »Mir geht es gut, Mr. Rudd. Nur ein paar Beulen und Blutergüsse.« Rudd nickt und kommt auf das eigentliche Thema zu sprechen: »Allerdings haben wir über eine Million in Krügerrand verloren. Ist nicht ihre Schuld, manchmal laufen die Dinge eben nicht nach Plan. Hey, Pieter.« Der Rothaarige, der sich bislang schweigend im Hintergrund gehalten hat, reagiert auf das Stichwort, zückt eine Pistole mit Schalldämpfer und jagt Hans eine Kugel genau zwischen die Augen. Wie vom Blitz getroffen fällt er zu Boden. Pieter Vorstedt, der Killer, grinst diabolisch: »Sie

160

geben dem Wort Abdeckplane eine ganz neue Bedeutung, Mr. Rudd.« Spricht's und wickelt die Leiche in die Plane ein. Arjien Rudd, der südafrikanische Botschafter in Los Angeles, lehnt sich nachdenklich zurück: »Bestimmte Polizisten dieser Stadt sind zu einer wirklichen Plage geworden. Sie sind uns auf den Fersen. Was schlagen sie vor, damit wir die Situation wieder in den Griff bekommen?« — »Wir warnen sie«, entgegnet Vorstedt, der noch immer mit dem Toten beschäftigt ist. »Aus Erfahrung weiß ich, ein ängstlicher Polizist ist nützlicher als ein toter.« — »Eine Warnung? Ist das nicht ein bißchen zahm?« — »Es kommt darauf an.« Rudd hält ein Foto hoch. »Dann werfen sie mal einen Blick darauf. Das ist der verantwortliche Polizist.« Pieter starrt auf das Porträt von Roger: »Ein Kaffer, wunderbar.«

In der folgenden Nacht liegen Roger und seine Frau Trish friedlich schlafend in ihren Betten, als plötzlich fünf maskierte Männer im Schlafzimmer stehen und die Eheleute mit Klebeband fesseln und knebeln. »Ihr Kaffer«, zischt einer dem bewegungsunfähigen Paar zu. »Machst Du Dir Gedanken wegen Deiner Kinder Murtaugh? Möchtest Du wissen, was wir mit ihnen gemacht haben? Wenn ich jetzt Du wäre, würde ich wahnsinnig werden, ich würde total durchdrehen. Willst Du wissen, was wir getan haben? Soll ich es Dir sagen? Dazu reicht deine Vorstellungskraft nicht aus, fürchte ich. Das war nur eine Warnung Murtaugh. Ab jetzt wird Blut fließen. Sag' deinen Leuten, sie sollen uns in Ruhe lassen.« Bevor die Einbrecher aus dem Haus flüchten, warnen sie Roger noch einmal unmißverständlich: »Und mach ja keine Dummheiten, Kaffer, vielleicht lassen wir Dich dann am Leben.« Der Spuk ist ebenso schnell zu Ende, wie er begonnen hat. Kaum sind die Männer aus dem Haus, stürzen die unversehrten Murtaughschen Kinder ins Zimmer und befreien die Eltern von den Fesseln.

Tags darauf unterrichtet Roger seine Kollegen von dem Vorfall. Der Captain beschließt daraufhin, Riggs und Murtaugh aus der Schußlinie zu bringen, indem er ihnen einen anderen Fall zuteilt. Sie sollen Leo Getz, einen Kronzeugen des FBI, vor eventuellen Anschlägen beschützen. Getz wartet im Hotel auf seine Bewacher. Kaum sind die Begrüßungsformalitäten erledigt, klopft es erneut an die Tür. Diesmal ist es der Zimmerservice. Der Etagenkellner schiebt einen rollbaren Tisch in den Raum. Alles erweckt den Anschein absoluter Normalität. Getz inspiziert seine Bestellung, als der Ober plötzlich eine Waffe hervorzaubert. Riggs reagiert augenblicklich und hechtet auf den Angreifer. Unter der Wucht des Aufpralls, von der auch Leo mitgerissen wird, fliegt das Trio durch die Scheibe. Sieben Stockwerke tiefer landen die Männer im Schwimmingpool. Während Riggs den Nichtschwimmer Leo aus dem Wasser zerrt, kann der Killer unerkannt entkommen. Murtaugh, der atemlos die Treppen heruntergerannt ist, kommt zu spät, um ihn aufzuhalten. Atemlos sitzen Getz und seine beiden Bewacher am Beckenrand. Riggs wundert sich über den waghalsigen Auftritt des Attentäters: »Leo, was haben Sie getan? Der Kerl hat verdammt viel riskiert und uns drei um ein Haar abgeknallt. Waren Sie Zeuge eines Mordes, oder was?« – »Nein, nein, so was war es nicht. Alles was ich getan habe, war, eine halbe Milliarde Dollar Drogengeld zu waschen.« Ungläubig schüttelt Riggs den Kopf. »Eine halbe Milliarde Dollar?« – »Vielleicht war es auch etwas mehr oder weniger. Wer kann soviel Geld schon zählen?«

Beim Mittagessen erklärt Leo seinen Beschützern die hohe Kunst des Geldwaschens. Als die Polizisten dann kapiert haben, wie sowas funktioniert, wundern sie sich, warum Leo dieses lukrative Geschäft aufgeben konnte und sich der Polizei stellte. Doch auch dafür hat er eine einleuchtende Erklärung bereit. »Ich habe die

Joe Pesci als Leo Getz

Drogenhändler monatelang beklaut.« Riggs wittert einen großen Fall. »Können Sie mir die Namen der Drogenhändler nennen?« Doch Getz weiß keine Namen: »Ich kenne keine Drogenhändler, ich hatte nur mit Kurieren zu tun. Warten Sie mal, da fällt mir was ein. Sie brachten mich einmal in ein Haus in den Bergen, das auf Stelzen stand. Dort fand ein Arbeitsgespräch mit einem Kerl namens Hans statt.« — »Können Sie uns dahin bringen?« Riggs Jagdinstinkt ist erwacht. »Klar«, entgegnet Getz, »ich kenne die ungefähre Adresse.«

Obwohl Roger Bedenken äußert, machen sich die drei Männer auf, um das Haus zu suchen. Auf dem Mulholland Drive in den Hollywood Hills werden sie dann plötzlich fündig. Zusammen mit den herbeigerufenen Kollegen stürmen er und Murtaugh in das Gebäude, wo ein paar bewaffnete Männer gerade dabei sind, Akten und Schriftstücke in Kisten zu verpacken. Mit gezückten Waffen beenden die Polizisten diese Aktion, als auch schon Arjien Rudd den Raum betritt. Er gibt sich und seine Mitarbeiter als südafrikanische Botschaftsangehörige zu erkennen, die demzufolge unter diplomatischem Schutz stehen und Immunität genießen. Den Polizisten bleibt keine andere Wahl: unverrichteter Dinge müssen sie abziehen. Vor dem Haus kommt es noch zu einer schicksalhaften Begegnung. Riggs läuft der hübschen Botschaftsangestellten Rika van den Haas in die Arme. Und siehe da: Martin, der smarte Draufgänger entpuppt sich als Charmeur ersten Grades.

Tags darauf meldet die Polizeizentrale Roger als vermißt. Da sich seine Familie seit dem nächtlichen Zwischenfall woanders einquartiert hat, ist niemand zu erreichen, der den Cop gesehen haben könnte. Als Riggs vom Verschwinden seines Partners erfährt, setzt er sich sofort auf seine Fährte. Er muß nicht lange suchen. Er entdeckt den Freund mit heruntergelassener Hose auf der Toilette sitzend. Mit fragendem Blick steht er in der Tür des Badezimmers und wundert sich nicht wenig, daß Roger keine Anstalten macht aufzustehen. Erst Sekunden später wird ihm bewußt, daß er nicht kann. Eine Sprengladung unter der Schüssel würde detonieren, sobald Roger seinen Platz verließe. Martin untersucht die Bombe kurz, nur um zu sehen, daß er gegen den raffinierten Zündmechanismus nichts ausrichten kann; hier können nur Experten helfen.

Doch selbst dem Bombenteam gelingt es nicht, den Sprengsatz zu entschärfen. Die einzige Möglichkeit, heil aus der Sache herauszukommen, besteht darin, den Explosionszeitpunkt so lange zu verzögern, daß Roger die Gelegenheit hat, von der Toilettenschüssel zu springen, um sich in der gußeisernen Badewanne unter einer druckfesten Decke in Sicherheit zu bringen. Mit einem ohrenbetäubenden Knall fliegt fast das gesamte obere Stockwerk von Rogers Heim in die Luft. Aber Riggs und Murtaugh kommen mit heiler Haut davon.

Während die beiden Freunde knapp dem Tod entgehen, sind Rudd und seine finsteren Gesellen

dabei, die halbe Mannschaft des Los Angeles Police Department zu töten. Aber auch die beiden stehen auf der Abschußliste. Als erster geht ihnen Murtaugh ins Netz. Roger hatte Glück – ihm sind die Gangster nur mit zwei Mann auf den Pelz gerückt. Riggs dagegen sieht sich plötzlich einer ganzen Armee gegenüber. Gleich zwei Hubschrauber donnern übers Meer in Richtung des Wohnwagens, den Riggs direkt unterhalb der Steilküste am Strand abgestellt hat. Der Polizist, der ganz in das Liebesspiel mit der Botschaftsangestellten Rika vertieft ist, hört nichts vom Knattern der herannahenden Gefahr. Erst als sein Hund Sam bellend durch die Bodenluke in den Raum stürzt, bemerkt er, daß etwas nicht in Ordnung sein kann. Hektisch zwängt er sich in seine

Hosen und drängt auch Rika, sich schnell anzuziehen. Doch noch bevor die beiden fertig sind, bellen die Maschinenpistolen los und verwandeln das mobile Heim in ein Sieb. Rika und Riggs gelingt es mit knapper Not, sich durch den Hundeeinstieg in Sicherheit zu bringen. Als einer der Hubschrauber die Unvorsichtigkeit begeht, zu landen, setzt Martin die Mannschaft außer Gefecht. Anschließend flüchtet er mit seinem Wagen über die steile Uferstraße: Das zweite Fluggerät muß die Verfolgung aufgeben, nachdem Martin den Bordschützen vom Auto aus erschießt. Die Gefahr scheint beseitigt, als Riggs seine neue Freundin unversehrt vor ihrer Wohnungstür abliefert. Aber auf dem Rückweg zu seinem Wagen läuft er den Killern dann doch noch in die Falle. Aus seiner Bewußtlosigkeit erwacht der Polizist am Hafen, in einer Zwangsjacke gefesselt. Die Südafrikaner stoßen Riggs wortlos ins Wasser. Durch die Zwangsjacke unfähig sich zu bewegen, sinkt der Cop schnell auf den Grund. Dann aber geht alles blitzschnell: Schulter auskugeln und die Jacke abstreifen, eine Sache von Sekunden. Als er dann auftauchen will, bemerkt er die Leiche von Rika, die sich leicht im Gang der Wellen wiegt. Außer sich vor Entsetzen taucht Martin an die Oberfläche, wo seine Mörder noch immer das Wasser beobachten. Keine zwei Sekunden später liegen sie kampfunfähig am Boden. Wütend und traurig zugleich schwört Riggs blutige Rache für den Tod seiner Geliebten. Wie von Sinnen schwingt er sich in sein Auto und fährt zum Hauptquartier der

Drogengang. Über Funk informiert er Roger von seinen Absichten: »Ich werde die Schweine fertigmachen.«

Vor dem Stelzenhaus lauern Roger und Martin auf eine Gelegenheit, die Gangster zu überwältigen. »Hast Du einen Plan?«, will Roger wissen. »Ja«, nickt Martin und schickt Roger los, damit er auf sein Zeichen hin das Haus stürmt. »Was ist Dein Zeichen?« — »Du wirst es erkennen.« Wenig später erschüttert ein schwerer Stoß das Gebäude. Riggs hat das eine Ende eines Seils um einen der Pfähle, die das Haus am Hang tragen, das andere um die Anhängerkupplung seines Wagens geschlungen und versucht nun, die Verankerung der Strebe aus der Erde zu ziehen. Immer wieder gibt er Gas, bis der Balken schließlich nachgibt und das Haus mit fürchterlichem Getöse den Hang hinabrutscht und auseinanderbricht.

Das Ziel der flüchtenden Verbrecher scheinen Murtaugh und Riggs zu kennen. Offensichtlich wollen die Südafrikaner ihr gehortetes Drogen-Geld mit dem Frachtschiff »Alba Varden« außer Landes schaffen. Tatsächlich befinden sich die Diplomaten an Bord des Frachters, der sich kurz vor dem Auslaufen befindet. Was folgt ist die finale Auseinandersetzung zwischen Gut und Böse. Vor allem aber ist es ein Duell zwischen Riggs und Vorstedt. Im Frachtraum des Dampfers kommt es zu einem Kampf auf Leben und Tod, bei dem der Südafrikaner die besseren Karten zu haben scheint, da es ihm doch schon am Anfang gelingt, Riggs ein Messer in den Schenkel zu rammen.

Doch der Zorn des Polizisten sitzt zu tief, als daß er sich deshalb geschlagen geben würde. In einer übermenschlich anmutenden Kraftanstrengung zieht er sich die Klinge aus dem Bein und rammt sie stattdessen seinem Gegner in die Brust. Als alles vorbei zu sein scheint, taucht plötzlich Rudd auf der Brücke auf und leert das Magazin seiner Pistole in Richtung Riggs, der von einigen Kugeln getroffen zusammenbricht. Roger, der den Vorfall entsetzt beobachtet hat, richtet seine Waffe auf den Botschafter, der seinen Diplomatenpaß zückt und auf seine Immunität pocht. Murtaugh schüttelt den Kopf: »Die ist soeben abgelaufen.«

Und was ist mit Riggs? Der überlebt seine Verletzungen natürlich. Schließlich wartet Teil 3. Die Presse, die schon den ersten Teil sehr freundlich besprach, lobte auch die Fortsetzung. Vor allem die Szenen mit den Hauptdarstellern Danny Glover und Mel Gibson fanden den Beifall der Kritiker. So schrieb beispielsweise die Los Angeles Times: »Das Duo Riggs und Murtaugh fasziniert in erster Linie deshalb, weil es von zwei so hervorragenden Schauspielern wie Mel Gibson und Danny Glover gespielt wird.« Auch Premiere, eine große amerikanische Filmzeitschrift, lobte die Darsteller: »Mel Gibson ist der einzige Schauspieler, der es schafft, Frauen in einen Action-Film zu holen.«

Die deutschen Rezensenten fällten ihr Urteil, im Gegensatz zu ihren amerikanischen Kollegen nicht so einhellig. Am ärgsten ging die Berliner Stadtillustrierte tip mit dem Film ins Gericht: »Das Skript strotzt nur so vor Unglaubwürdigkeiten und Absurditäten, die Dialoge sind einfältig bis schwachsinnig, die Komik wirkt angestrengt... Einziger Lichtblick in diesem miesen Machwerk ist die komödiantische Glanzleistung des Joe Pesci, der mit Eifer und Elan einen windigen Buchhalter spielt.« Michael Althen, Kritiker der Süddeutschen Zeitung betrachtete den Film wiederum mit anderen Augen: »Immerhin kann man von Richard Donners Film sagen, daß er mit den gestiegenen Einsätzen Schritt hält. Von einer völlig konfusen Verfolgungsjagd am Anfang abgesehen, hat Donner Tempo und Figuren im Griff. Und natürlich bietet das Spektakel was fürs Auge.« Ohne wenn und aber bekannte sich Kester Schlenz im Stadtmagazin Prinz zu *Brennpunkt L.A.*: »Donner läßt seinen Darstellern immer genug Raum, um sich mit viel Humor von den Stereotypen des Genres freizuspielen. Aber das Schönste: Endlich müssen mal keine Nazis oder Kolumbianer als Bösewichter herhalten, sondern ein Volk, das es längst verdient hat.«

# Facetten eines Stars: Air America und Hamlet

Auch wenn *Ein Vogel auf dem Drahtseil* in den Filmtheatern nicht so gut lief — Mel Gibsons Ruf als hervorragender Darsteller und seine »Bankability«, also die Möglichkeit für Produzenten, mit seinem Namen Geld zu verdienen, hatten dadurch nicht gelitten. Im Gegenteil: Für seinen nächsten Film *Air America* hatten sie ihm 7 Millionen Dollar geboten — Summen dieser Größenordnung kassierten sonst nur Stallone und Nicholson (Schwarzenegger und Cruise kamen sozusagen ›nach ihm‹).

»Wenigstens kennen die Leute mich jetzt noch für etwas anderes als dafür, so ein sexy Typ zu sein«, kommentierte er damals die Presseberichte auf seine Rekordgage lachend, »der sexy Typ ist jetzt ein anderer, Tom Cruise, armes Schwein, und ich bin wieder der alte.«

Nachdem es im Vorfeld von *Air America* eine Reihe von Auseinandersetzungen um das Drehbuch gegeben hatte, begannen im Oktober 1989 die Dreharbeiten zu diesem Action-Film, den Dan Melnick produzierte.

»Air America« war der Name der Luftlinie einer geheimen Söldner-Einheit der Amerikaner, die im

171

Auftrag des amerikanischen Geheimdienstes CIA überall dort im asiatischen Raum tätig war, wo Soldaten offiziell nichts oder nichts mehr zu suchen hatten. »Air America« war sozusagen eine zivile Armee, in den späten 60er Jahren übrigens die aktivste Fluggesellschaft der Welt! Die Piloten dieser Spezial-Truppe waren ohne Zweifel die erfahrensten und verwegensten, die es gab. Manche machten den Job für Geld, andere wiederum, weil sie den Nervenkitzel suchten, wieder andere aus ideologischen Gründen. Fast alle waren sie harte Burschen, deren Trinkgewohnheiten und Bordellbesuche bis heute einen legendären Ruf haben. »Eine Menge Geschichten ranken sich um diese Piloten«, sagte Dan Melnick, der Produzent, der die Idee hatte, um sie herum einen Film zu machen. »Und wenn nur die Hälfte dieser Geschichten wahr ist, dann reicht der Stoff immer

noch, um eine ganze Abenteuer-Serie daraus zu produzieren.«

Der Film spielt im Jahr 1969. Die Vereinigten Staaten stecken im Vietnam-Krieg tief in der Patsche. Die besten Piloten der «Air America« tun in Laos an der vietnamesischen Grenze Dienst und versorgen die Bevölkerung von Laos und die dortigen Antikommunisten mit Lebensmitteln und Material. Es kommt auch vor, daß sie dabei zwielichtige Personen wie korrupte Kriegsgewinnler mitversorgen — hierüber aber reden die Offiziellen nicht gerne.

Einer der Piloten, Gene Ryack (Mel Gibson), ist draufgängerischer Veteran einiger Kriege und fliegt seine Missionen von dem geheimen Flugplatz Long Tieng in der Nähe der laotischen Grenze aus. Unter einer gigantischen Klippe versteckt und von Bäumen umgeben, ist dieser Flugplatz das beste Versteck — und der ideale Standort, von dem aus man einen verdeckten Krieg beginnen kann. Gene ist ein Typ voller Widersprüche, was sein Leben, seinen Job und seinen ebenso merkwürdigen Arbeitgeber angeht, für den er schließlich sein Leben riskiert. Er will nur so lange mitmachen, bis er einigermaßen komfortabel mit seiner asiatischen Familie leben kann.

Auf der anderen Seite des Ozeans, in den USA, lebt Billy Covington (Robert Downey jr.), ein junger rebellischer und hochbegabter Flieger, der gerade seinen Job als Verkehrsüberwachungspilot einer Rundfunkanstalt verloren hat. Weil er dabei ein heftiges Luft-Boden-Intermezzo mit einem aufgeregten LKW-Fahrer hatte, wurde ihm zusätzlich die Fluglizenz entzogen. Ein mysteriöser Anwerber offeriert ihm kurze Zeit später nicht nur den Wiedererhalt seiner Lizenz, sondern darüber hinaus einen Job in Laos, der seinen Vorstellungen von einem abenteuerlichen Pilotenleben nahe kommt. Schon bald darauf sitzt er mit Gene in einem Flugzeug und in einem halsbrecherischen Orientierungsflug wird ihm klar, wo er da hineingeraten ist. Die Kugeln, die ihnen bei diesem Flug um die Ohren fliegen, signalisieren, daß es noch viel aufregender zugehen kann, als er sich in seinen kühnsten Träumen vorgestellt hatte.

Im White Rose Cafe in Vien-Tian, wo die Flieger zusammensitzen und sich amüsieren, trifft Billy Corinne Landreaux, eine Mitarbeiterin der Regierung, die sich um die Bewohner der umliegenden Dörfer kümmert. Diese sind im Kampf zwischen kommunistischen Truppen und Lu Song, einem reichen Kriegsherrn der Umgebung, zwischen die Fronten geraten.

Rob Diehl, der Koordinator der Piloten-Aktionen, ist ein smarter Regierungssekretär, der mit seinen rauhbeinigen Untergebenen nichts anfangen kann. Aber da gibt es noch den »Air-America«-Boss Major Lemond, der die Fluglinie vor allem nutzt, um für Lu Song Drogen zu transportieren – ein Geschäft, von dem die Regierung nichts weiß, das Diehl und Lemond aber dulden, weil Lu Songs mit Drogengeldern finanzierte Privatarmee gegen die Kommunisten kämpft und weil ihr eigener Profit hoch ist.

Eines Tages aber wird die Situation brenzlig: Ein gewisser Senator Davenport aus Washington fliegt ein und will den geheimen Flugplatz inspizieren. Lemond und Diehl entwickeln einen Plan, damit der Senator nichts von den illegalen Aktivitäten erfährt. Sie nehmen einfach den jungen Billy als Sündenbock und erklären ihn zum Verantwortlichen für die Drogengeschäfte, als Davenport davon Wind bekommt. Mit Hilfe von Gene kann Billy seinen Hals in letzter Sekunde aus der Schlinge ziehen, und nur ein Wahnsinnseinsatz kann die Lage zum Schluß klären.

In Chian Mai, der alten »Stadt der Tempel« und dem Tor zum »Goldenen (Drogen-)Dreieck«, fanden die meisten der Dreharbeiten statt. Drei komplette Kamerateams, die durchschnittlich acht Kameras, für manche Szenen sogar 15 Kameras und über 500 Mitarbeiter einsetzten, belichteten insgesamt fast 300 000 Meter Film. Logistisches Hauptproblem waren natürlich die Flugzeuge, die von rund 200 Mechanikern, Piloten und sonstigem Personal betreut wurden. Jede Flugbewegung wurde von mehreren Kameras gefilmt, so daß aus den verschiedensten Blickwinkeln Szenen in den fertigen Film eingesetzt werden konnten. Vom ersten Tag an waren die Dreharbeiten äußerst kompliziert, da die Angehörigen des Eingeborenenstammes, zu dem es Gene und Billy im Film verschlägt, mit den Gewohnheiten amerikanischer Filmleute so gar nicht vertraut waren.

So mußten einmal die Arbeiten für drei Tage unterbrochen werden, weil ein Stammesmitglied

gestorben war, ein anderes Mal hatte ein Schamane Regen heraufbeschworen – und es hatte prompt geregnet. Keiner im Team der Amerikaner glaubte natürlich an den Einfluß des Schamanen auf das Wetter und so regnete es zwei Tage lang ununterbrochen. Am dritten Tag wurde in höchster Not wieder nach dem alten Schamanen geschickt, er möge den Regen aufhören lassen. Der lächelte weise, sagte »It will go« (Es wird aufhören), und noch keine Stunde später war wieder das schönste Wetter ... Kurze Zeit danach sagte der gleiche Schamane ein Erdbeben voraus, und zwei Tage später erlebte Thailand ein Beben der Stärke 6 auf der Richterskala. Glücklicherweise wurde niemand verletzt. »Merkwürdige Dinge geschehen in diesem Teil der Welt«, meinte Gibson angesichts dieser Ereignisse.

Zu seiner Rolle, für die er zusammen mit Robert Downey das Fliegen erlernte, meinte er: »Wir haben ein Stückchen des wahren Amerika vorgeführt. Krieg ist immer ein Geschäft, und deshalb werden einige Leute dadurch reich. Und immer sind es die falschen Leute.« Seinen eigenen Part sieht er ganz unsentimental: »Gene Ryack ist kein Typ, der viel nachdenkt. Es ist ein Job, den er macht, ähnlich wie LKW-Fahrer. Mal schmeißt du ein paar Sack Reis aus dem Flugzeug, mal ein paar Leute, die du Tage später wieder abholst. Und weil es rundherum knallt, kannst und darfst du nicht nachdenken.«

Diese etwas unbestimmte Rolle wurde ihm später von manchen Kritikern übelgenommen, genauer gesagt wurde der ganze Film nicht eben mit Begeisterungsstürmen überhäuft. Sowohl Vertreter des linken wie auch des rechten politischen Spektrums mäkelten an der vermeintlichen Botschaft oder auch Nicht-Botschaft des Filmes und warfen ihm vor, sich nicht klar genug ausgedrückt zu haben. »Aber es ging nun einmal nicht um eine Message«, betonte Gibson in Interviews, »es ging einfach auch um zwei Typen, die ihren Arsch für eine Sache hinhalten oder wenigstens zur Schau stellen. So gesehen ist dieser Pilotenjob der Schauspielerei ein bißchen ähnlich, nur daß es natürlich nicht um Leben und Tod geht.«

Es ging eben hauptsächlich darum, einen Unterhaltungsfilm zu machen. Gibson: »Das ist ja fast eine schwarze Komödie. Eine unterhaltsame Story und ein paar Fakten. Wir wollten nichts Weltbewegendes mitteilen — alles, worum es ging, ist weitgehend bekannt, aber manche Amerikaner verdrängen das wohl heute noch.« Und kritisch fügte er hinzu: »Da ist eine Mini-Armee, die es offiziell nie gab. Da ist ein Krieg, in dem Dinge geschehen sind, die so schrecklich waren, daß man sie später mit Puderzucker überzieht. Und da gibt es vielleicht später einen Film. Ein Werk der Fikton, wie fast alle Filme über Kriege. Ein Land untersucht sich immer selbst mit seinen künstlerischen Möglichkeiten. Wenn sie irgendwo Menschen etwas antun, dann kommen sie eines Tages zurück und exorzieren die Dämonen, indem sie einen Film darüber drehen.«

*Air America* war keinem bekannten Film-Genre richtig zuzuordnen, meinten die Kritiker. Es war weder ein reiner Action-Film um der Action willen, noch eine sentimentale Anti-Kriegs-Komödie wie »Good Morning, Vietnam« und erst recht kein anarchistisches Juwel wie Robert Altmans *M.A.S.H.* Der Film war eben alles in allem eher eine Enttäuschung, auch wenn er Gibsons Reputation nicht schadete und ihm die erwähnten 7 Millionen einbrachte. Roger Spottiswoode, der mit *Under Fire* eine der besten Anti-Kriegsdokumentationen überhaupt gedreht hatte, mußte sich Entscheidungsschwäche vorwerfen lassen. Zum einen kritisiert er die illegalen Operationen der Flieger und zum anderen verherrlicht er seine Protagonisten, indem er den Senator, der die korrupten Kommunistenjäger aufdeckt, lächerlich macht.

Noch bevor die vielen Meter Film von *Air America* im Schneideraum bearbeitet wurden und lange bevor man Mel Gibson zu seiner Meinung über diesen Film befragen konnte, war er mit einem anderen Projekt befaßt, das Kritiker und Fans des Stars gleichermaßen bewegte. Er lieferte nämlich in einem Film von Franco Zeffirelli eine Neuversion des berühmtesten Helden der Theatergeschichte und erregte allein mit dieser Tatsache mehr Aufmerksamkeit als mit dem gesamten Kriegs-Spektakel in Thailand. Würde Mel Gibson dieser schwierigsten Herausforderung an einen Schauspieler überhaupt gerecht werden? Um »Sein oder Nichtsein« ging es dennoch nicht in dieser Filmversion des *Hamlet*, denn seinen Ruf als Action-Star konnte er mit diesem Film gar nicht aufs Spiel setzen. Im Gegenteil: Sein Gagen-Preis stieg durch »Hamlet« noch weiter. Hollywood munkelte, er läge nunmehr bei 9—10 Millionen Dollar — die Summe, die er für *Leathal Weapon III* schließlich auch einstrich.

William Shakespeares »Hamlet« ist inzwischen 400 Jahre alt. Diese berühmte Tragödie um den melancholischen Prinzen aus Dänemark, der den Mord an seinem Vater rächt und daran selbst zugrunde geht, wurde schon einige Male verfilmt. Bereits um die Jahrhundertwende spielte die große Schauspielerin Sarah Bernhardt die Rolle des »Hamlet«. Die bis heute bekannteste Filmver-

sion aber ist jene von und mit Laurence Olivier aus dem Jahre 1958.

Franco Zeffirelli, altgedienter Opern-Regisseur und einer der wenigen ernstzunehmenden Filmemacher, der sich klassischen Stoffen zuwendet (*La Traviata*, *Othello*, *Der Widerspenstigen Zähmung*, *Romeo und Julia*), hatte nicht das geringste Problem mit diesen Stoff: »›Hamlet‹ war von Shakespeare als populäre Tragödie für die Massen geschrieben worden, aber im Laufe der Zeit interpretierte man das Stück mehr und mehr als Kunstwerk für eine intellektuelle Elite. Meine Absicht mit diesem Film ist es, das Stück dem Publikum zurückzugeben, für das es eigentlich geschrieben wurde.«

Ein guter Grund, Mel Gibson für die Hauptrolle auszuwählen. Denn von Anfang an fragte niemand, weder die Kritiker noch die etablierten Theaterfans, noch die Kinofreunde, wie Zeffirellis Inszenierung eigentlich aussehen würde — alle wollten nur wissen, ob Gibson einen würdigen Hamlet abgeben würde. Dabei war diese Frage im Grunde von vornherein die am leichtesten zu beantwortende: natürlich. Schließlich hatte Gibson einige Bühnenerfahrung und inzwischen ein ganzes Spektrum an Rollen durchgespielt: »Natürlich habe ich während meines Schauspielstudiums das Stück gelesen, Teile gelernt und geprobt. Und ich wollte schon immer einmal die Rolle spielen. Als ich Francos Interpretation schließlich gelesen hatte, gab es keine Frage — ich würde das machen«.

Jetzt oder nie, das war die Frage: »Ich hatte im Grunde genommen keine andere Wahl. Hamlet war 29 Jahre alt, als das alles passierte, da konnte ich mit meinen 35 nicht viel länger warten. Ich hatte keine Ausrede mehr. Franco hatte mir die Rolle quasi auf dem Silbertablett präsentiert.«

Zeffirelli hatte zunächst Mel Gibsons Agentur angesprochen. »Für einen Moment dachte ich: diese jahrhundertealte Klamotte«, bekannte der Star. Doch dann entschloß er sich, Zeffirelli zu treffen und das Stück noch einmal zu lesen. »Ich habe es richtig gelesen, um über den Typen nachzudenken — die Story kannte ich ja. Ich hab' dann meinen Agenten wieder angerufen und ihm gesagt, er soll Zeffirelli zusagen. Und wissen Sie, was der Agent gesagt hat: ›Oh weh, hätte ich dir bloß nichts von dem Angebot erzählt.‹«

Die Frage, ob die Darstellung des dänischen Prinzen so etwas wie eine Traumrolle gewesen sei, beantwortete er salomonisch: »Würde ich nein sagen, wäre ich ein Lügner – oder aber ein Idiot. Die Rolle war eine ungeheure Herausforderung für mich. Hätte ich sie nicht angenommen, würde ich mich vielleicht ewig darüber ärgern.« Auch das Risiko sah er: »Das muß man in Kauf nehmen, aber dieses Risiko ist schließlich begrenzt. So anders als andere Filme ist das alles ja gar nicht. Diese Wikinger töten und betrügen sich gegenseitig... Die Welt hat sich doch, von den Kostümen mal abgesehen, kaum verändert.«

Und so war die Rolle ihm ja fast auf den Leib geschrieben – denn nach Zeffirellis Interpretation ist »Hamlet« ein zeitlos aktuelles Stück voller Action für ein breites Publikum. Für die Titelrolle kamen ohnehin nicht viele andere Darsteller in Frage. Gibson übte zunächst einmal wochenlang Fechten und Reiten und bereitete sich nebenher auf das Shakespearesche Versmaß vor. Hier machte der Regisseur keine Zugeständnisse – das Bühnenenglisch mußte sein (auch wenn es in der deutschen Synchronisation leider nicht wiederzugeben war).

Nathaniel Parker, der die Rolle des Laertes in dem Film spielte, war sein Schwertkampf-Trainer. Er bemerkte lakonisch: »Kein Problem für Mel, erst recht seitdem er nicht mehr raucht.« Mel Gibson traute sich die Rolle in jeder Beziehung von An-

fang an zu: »Manchmal kommen die Dinge eben plötzlich auf einen zu und man hat gar nicht so viel Zeit, ernsthaft darüber nachzudenken. Ich nehme es, wie es kommt. Wenn ich keine Erwartungen habe, dann kann ich auch nicht enttäuscht werden. Ich kann dieses Gerede um Sicherheit in unserem Job manchmal nicht mehr hören. Sehen Sie, die Welt ist immer grausam und der Zynismus scheint immer öfter die Oberhand zu behalten. Das zu begreifen, hat mit dem Erwachsenwerden zu tun. Als Schauspieler mußt du Spaß an dem haben, was du machst, sonst hast du sowieso keine Chance.«

Die Dreharbeiten fanden in drei historischen Ruinen in England statt – die Originalburg Elsinore bei Helsingör in Dänemark steht zwar auch noch, ist aber längst zur langweiligen Touristen-attraktion verkommen. Neben den Szenen in dü-steren Gemäuern dienten natürliche Landschaf-ten mit satten, grünen Wiesen und weiten Ausblicken als Hintergrund für die Handlung. In diesem Punkt ist die filmische Umsetzung einer Theaterinszenierung sicher überlegen.

Immer in der Nähe war auch die Familie von Mel Gibson — er hatte ein großes Haus in Hert-fordshire angemietet, in dem er Ruhe für die Vor-bereitung auf schwierige Szenen finden konnte. In London hatte er sich ein Dutzend kritische Kommentare zu Shakespeares Stück besorgt, die er gierig verschlang.

Übrigens arbeitete er sich so tief in die Materie ein, daß er auch während der Dreharbeiten ein Vi-deo-Tagebuch führte, nicht unähnlich seinen Do-kumentationen über *Zwei stahlharte Profis* und *Brennpunkt L.A. — Die Profis sind zurück.* »Mel Gibson Goes Back to School« nannte er das 54mi-nütige Dokument, das er eigens drehte, um ame-rikanischen Schülern die klassische Literatur et-was näher zu bringen. Eine Kostprobe (O-Ton Mel Gibson an die Jugendlichen): »Das ist eine tolle Story, da gibt's insgesamt acht gewaltsame Tode. Da gibt's Mord, Inzest, Ehebruch, da gibt's eine verrückte Frau, Vergiftungen, Rache und Schwertkämpfe...«

Trotz der guten Vorbereitung war das erste Zu-sammentreffen mit seinen Co-Darstellern ein Alp-traum für Mel, denn die Runde der Mitstreiter las sich wie ein illustres »Who is who« berühmter britischer Shakespeare-Darsteller: Alan Bates spielte den mörderischen Claudius, Jan Holm den Polonius und Paul Scofiel den Geist von Hamlets ermordetem Vater. Auch die Rollen der Gertrud und die der Ophelia waren hochkarätig besetzt, wenn auch nicht britisch, sondern amerikanisch: Glenn Close und Helena Bonham-Carter spielten diese Frauen. Doch die grauen Leinwand-Eminenzen hatten schnell Respekt vor dem jungen Australo-Amerikaner. Alan Bates: »Er ist so ehrlich, er kann keine Lügen erzählen, er ging völlig in seiner Aufgabe auf.« Damit er auch äußerlich wie ein dänischer Prinz aussah, hatte man ihm die Haare kurz geschnitten, leicht blond gefärbt, und ihn gebeten, sich einen kurzen Bart stehen zu lassen. Die mittelalterlichen Gewänder und die unkomfortablen Stiefel sorgten dafür, daß er sich relativ schnell in die historische Umgebung hineinfand.

»Aber auch ›Mad Max‹ war ein Racheengel und so hat er mit Hamlet einiges gemeinsam«, sagte Gibson einmal einem Interviewer grinsend und fügte dann ernster hinzu: »Er ist eben universal. Niemand, der das Stück liest, wird nichts von sich selbst in dem Charakter finden. Er ist ein Jedermann, die ganze Menschlichkeit in einer Haut. Das ist ein Typ, der eine Menge Fragen stellt. Den kannst du nicht einfach so stehenlassen.« Und er versuchte, diesen Fragensteller auf eine ganz bestimmte Art darzustellen. »Man hat unglaublich viele Möglichkeiten, so einen Menschen zu verkörpern. Ich wollte einen dynamischen Melancholiker spielen. Ich meine nicht etwa einen melancholischen Typen im modernen Sinn – also einen, der einfach so rumläuft und nichts macht –, sondern einen im mittelalterlichen Sinn, der ständig extremen Stimmungsschwankungen unterworfen ist.« Gibson betrachtete Hamlet als einen Menschen, der einfach nicht aufhören kann, sich Gedanken zu machen angesichts der Ereignisse, und der schließlich selbst die Dinge in die Hand nimmt.

»Sein oder nicht sein« allerdings nahm ihm die intellektuelle Filmkritik, von denen die meisten noch schnell einmal ihren Shakespeare gelesen hatten, nicht so recht ab. Rezensenten sprachen von einem vor »Vitalität strotzenden Prinzen, der sowohl das Bühnenenglisch als auch das jambische Versmaß beherrscht. Problemlos überzeugend wirkt er als vor Wut überschäumender Racheengel, zynischer Moralist und schwertschwingender Kämpfer«. Was man ihm weniger abnahm, war der suizidgefährdete Philosoph, und so kam es wohl auch, daß manche der längeren und schwierigen Monologe nicht ankamen. Je nach Anspruch fanden die Kritiker den Film treffend oder nicht. Die Jünger des »reinen Shakespeare« waren teilweise entsetzt, andere aber fanden die historische Vorlage »genial auf ihre Kernaussagen reduziert und in einen spannenden Kinofilm verarbeitet.« Einigen war das textlich reduzierte und visuell aufgeblasene Produkt »zu üppig, zu prächtig, mit zu wenig Rhythmus«. Die reinen Action-Freaks fanden es natürlich noch immer »zu klassisch. Vielleicht hätte man aus dem etwa vier-

stündigen Stück noch ein bißchen mehr Text weg-
nehmen sollen und das ganze noch ›leichter‹
inszenieren sollen.« Es ist immer das Gleiche:
Hinterher wissen es alle besser.

Den »Hamlet« im Film zu spielen, hat Mel Gibson immerhin so viel Spaß gemacht, daß er ihn
auch gerne noch einmal auf der Bühne darstellen
würde. »Wir haben ja alle Szenen total durchein-
ander gedreht. Ich würde sie gerne — wenigstens
einmal — in der richtigen Reihenfolge spielen.«

Wie auch immer man Mel Gibson als »Hamlet«
retrospektiv beurteilt — er hat ihn gespielt. »Und
wenn er ›Hamlet‹ spielen kann, was kann er dann
nicht spielen?«

# Rekorde: Brennpunkt L.A. – Die Profis sind zurück

Knapp 150 Millionen Dollar spielte »Lethal Weapon III« an den amerikanischen Kinokassen ein. Dem stehen 45 Millionen Dollar an Produktionskosten gegenüber. Produzent Joel Silver und sein Regisseur Richard Donner hatten – zumindest aus kommerzieller Sicht – gut daran getan, die Geschichte der beiden Polizisten Martin Riggs und Roger Murtaugh fortzuspinnen. Was dem Publikum offensichtlich gefiel, stieß den Kritikern eher sauer auf. »Es bedarf schon zweier Schauspielern vom Kaliber eines Mel Gibson und eines Danny Glover, um einem Film etwas Gewicht zu verleihen, der sonst ein typisches Joel Silver Tribut an zerstörtes Eigentum und Dolby Stereo geworden wäre«, lästerte beispielsweise das Branchenblatt Variety.

Solche Kritik perlt von Silver ab wie Wasser von fettiger Haut. Und er kann es sich leisten, den schreibenden Nörglern keine Beachtung zu schenken. Acht der von ihm produzierten Filme, wie beispielsweise Stirb langsam, Predator, Nur 48 Stunden und The Last Boyscout spielten jeweils über 100 Millionen Dollar ein. Weltweit erzielte der findige Filmmanager einen Gesamtumsatz von mehr als eineinhalb Milliarden Dollar. Darüber hinaus lag es durchaus in der Absicht von Silver, einen Film zu machen, der in erster Linie von den Hauptdarstellern lebt.

Dazu sagte Richard Donner: »Das Drehbuch entwickelte sich aus der Beziehung der Charaktere zueinander, und aus dieser Beziehung entstand die Action. Mit Mel Gibson, Danny Glover und Joe Pesci, hatten wir die Charaktere, ihre Wärme und ihren Humor, und da hinein haben wir die Action gestrickt. Die eigentliche Herausforderung bestand für uns darin, die Helden ehrlich wirken zu lassen und die Geschichte möglichst komisch zu gestalten, damit der Zuschauer Mitgefühl für die Menschen auf der Leinwand entwickelt.« Und Joel Silver ergänzt: »Im ersten Teil hatten wir zwar einige humorvolle Elemente eingebaut, aber die meiste Zeit war der Film sehr ernst. Im weiteren Verlauf der Serie entstand immer mehr Komik, vor allem weil Mel und Danny ihre Charaktere so gut kannten. In jeder neuen Episode gab es neue Möglichkeiten für die Jungs den jeweils anderen auf die Schippe zu nehmen. In Teil 3 sollten sie in dieser Beziehung ruhig etwas über die Stränge schlagen.«

Auch für die beiden Hauptdarsteller spielte die Action in der *Lethal—Weapon*—Trilogie nur eine nebensächliche Rolle. »Was diesen Film ausmacht, neben den großartigen Special-Effects, die darin vorkommen, ist die Entwicklung der Charaktere, die mit jeder Episode weiter voran schreitet«, sagt Danny Glover. »Was *Lethal Weapon* von den meisten anderen Action-Filmen unterscheidet, sind die Ereignisse, die diese beiden Menschen zusammenschweißen.« Und Mel Gibson fügt hinzu: »In dieser Geschichte gibt es eine interessante Wendung in den Rollen. Denn diesmal geschieht etwas mit Murtaugh, und Riggs sieht sich gezwungen, seinen Freund aus einer tiefen emotionalen Krise zu befreien, ähnlich wie es Murtaugh auf dem umgekehrten Wege mit Riggs im Originalfilm getan hat. Wir erleben diese beiden Jungs, wie sie eine Menge durchmachen, von einem Ende der Gefühlsskala zum anderen.«

Dem Konzept, die Darsteller in den Mittelpunkt zu stellen, blieb Donner konsequent in allen drei Folgen von »Lethal Weapon« treu. Nicht nur, daß er die Hauptakteure, also Murtaughs Familienmitglieder, den Captain des Kommissariats, die Polizeipsychologin etc. immer mit denselben Schauspielern besetzte, erfolgreich agierende Nebenfiguren bekamen auch immer wieder eine neue Chance. Wie Leo Getz, der dubiose Geldwäscher aus Teil 2. Donner über diese Personalpolitik: »Wir wußten von Anfang an, daß wir Leo wieder auftreten lassen mußten. Das Publikum liebte es, wie er in *Lethal Weapon II* versuchte, sich in die Partnerschaft von Riggs und Murtaugh einzuschmuggeln. Ich muß es noch einmal sagen, die Chemie stimmte, es ist wirklich einmalig, wie die Schauspieler miteinander harmonierten.«

Joe Pesci, der Darsteller des Leo Getz, zeigte sich hocherfreut, als er hörte, daß er wieder mit von der Partie sein würde. Aber er stellte Bedingungen, bevor er zusagte. So sollte auch sein Charakter eine Wandlung durchgemacht haben: »Denken Sie nur an sich selbst«, erklärt Pesci seine Motive, »in drei Jahren verändert man sich eben. Man sieht anders aus und hat andere Gewohnheiten. Wir alle wachsen und verändern uns. Und ich dachte, Leo braucht auch eine Gelegenheit, um zu zeigen, daß er sich verändert hat, und so kam es, daß hier ein neuer, blonder Leo Getz auftaucht. Zwar hat er immer noch diesen komischen Sprach-Tick, aber diesmal ist er ein erfolgreicher Immobilienmakler aus Beverly Hills. Sie wissen schon, so einer, der, wenn er Ihr Haus verkauft, kein Foto des Hauses, sondern sein Porträt in die Zeitung setzt.«

Neben den bekannten Figuren stellt *Lethal Weapon III* aber auch eine Menge neuer Personen vor. Die Schauspielerin Rene Russo beispielsweise agiert als Lorna Cole, eine Polizistin von Internal Affairs, deren berufliche Pfade die von Riggs und Murtaugh kreuzen. Vor allem Riggs entwickelt zu der Dame ein enges Verhältnis. Nach anfänglicher Zurückhaltung entdeckt der Polizist, daß er und seine Kollegin vieles gemeinsam haben. Rene Russo beschreibt ihre Rolle sogar als »der weibliche Riggs«. Sie kämpft genauso gut wie er, sie ist mindestens ebenso hart und packt jede sich ihr bietende Gelegenheit beim Schopf. »Für Riggs ist es, als würde er in einen Spiegel blicken und eine weibliche Version seiner selbst sehen«, erklärt Frau Russo.

Ein weiterer Neuzugang ist der kriminelle Ex-Cop Jack Dravis, gespielt von Stuart Wilson, der den von ihm verkörperten Charakter so beschreibt: »Jack Travis war ein sehr guter Polizist, der zwanzig Jahre lang reibungslos seinen Dienst absolvierte und dann auf die schiefe Bahn geriet. Da entwickelt er sich zu einem eminent gefährlichen Kerl, denn er war ein verdammt guter Cop und beherrscht die Regeln aus dem Effeff. In vielen Dingen ist er wie Riggs, sein böser Zwilling sozusagen, nur viel gefährlicher. Riggs lebt nahe am Abgrund, Travis hat ihn überschritten. Er ist ein interessanter Kontrast zur Action und dem Humor, den der Film sonst noch bietet.«

Drei Zutaten des Erfolgsrezepts: die Menschen, der Humor und nicht zuletzt — die Action. Im letztgenannten Bereich setzt »Lethal Weapon III« wirklich Maßstäbe. Natürlich gibt es Hochgeschwindigkeits-Verfolgungsjagden, ineinanderkrachende Autos, wilde Schießereien und andere spektakuläre Stunts. Übertroffen wird dies alles noch von der Eingangssequenz. Da nämlich jagen Riggs und Murtaugh versehentlich einen Wolkenkratzer in die Luft. »Heutzutage funktioniert alles im High-Tech-Format«, erklärt Steve Perry, Co-Produzent und Regisseur des zweiten Aufnahme-Teams, das für die Action-Sequenzen zuständig war. »Heutzutage genügt es nicht mehr, einen Stuntman von einer Postkutsche oder einen Felsen springen zu lassen, damit das Publikum sich beeindruckt zeigt. Man muß schon die Action-Szenen miteinander verknüpfen. Motorräder, Autos, Effekte und Explosionen — alles in einer Einstellung. Dafür genügt es nicht mehr, nur eine Kamera und eine Handvoll Stuntleute zu haben.«

Das scheint auch Richard Donner zu wissen. Er griff deshalb auch hinter der Kamera auf Menschen zurück, die sich in den ersten beiden *Lethal Weapon*-Filmen bewährt hatten. Wie beispielsweise die beiden Stunt-Koordinatoren Mic Rogers und Charlie Picerni sowie der Special-Effect-Supervisor Matt Sweeney, die Männer, die den reibungslosen Ablauf der tricktechnischen und Stunt-Aufnahmen garantieren mußten. »Richard Donner liebt die Action und er hat großartige Ideen«, schwärmt Picerni, »aber er ist auch sehr vorsichtig. Er will Action, die Sinn macht, die die Charaktere unterstützt.« Donner wollte aber auch mit jedem Teil etwas Neues, etwas Aufregenderes zeigen.

Ein paar Monate bevor die Dreharbeiten begannen, erhielt Silver einen Brief der Florida Film Kommission, der den Produzenten über die Sprengung eines Hochhauses in Orlando informierte, verbunden mit einer Einladung, die Zerstörung zu filmen. Joel Silver zögerte nicht lange und schickte ein Aufnahmeteam los. Donner erinnert sich: »Als wir von der Sprengung erfuhren, waren wir natürlich begeistert, wußten aber nicht so recht, was wir mit dieser Aufnahme anfangen sollten, da wir schon in *Lethal Weapon II* ein ganzes Haus zerstört hatten. Dann aber kam unserem Drehbuchautor Jeffrey Boam die rettende Idee, den Film mit einem großen Knall beginnen zu lassen.« Vor 33 Jahren benötigten unzählige Bauarbeiter 21 Monate, um das achtstöckige Gebäude hochzuziehen. Ganze 13 Sekunden dauerte es, bis es in Schutt und Asche lag.

Doch bevor es soweit war, verbrachten der Tricktechniker Sweeny und seine Crew ganze zwei Monate in dem Haus, um es für die Sprengung zu präparieren. Massenweise Sprengpulver wurde herangekarrt und an den Fenstern der Vorderseite angebracht. Gleichzeitig wurden im ganzen Haus Unmengen von Glas, Kork und Papier verteilt. Dieser Aufwand war notwendig, um zu verschleiern, daß es sich um eine ganz normale Zerstörung handelte. Vielmehr sollte durch die berstenden Fenster und den herumfliegenden Schutt die Illusion einer Bombenexplosion erzeugt werden.

Im Film ist die Explosion das Ergebnis einer verunglückten Aktion von Martin Riggs. Er und sein Kollege Murtaugh treffen am Tatort ein, nachdem ein anonymer Anrufer das Department über eine Autobombe in einer Tiefgarage informiert hatte. Martin stürmt sofort auf das Gebäude zu, doch Roger hält ihn zurück. Er will kein Risiko eingehen, schließlich sind es nur noch acht Tage bis zu seiner Pensionierung. Doch sein Partner will nicht auf das Entschärfungsteam warten, er will sich die Bombe selbst ansehen. Nach einem kurzen Disput gibt Roger nach. Der Zeitzünder tickt noch neun Minuten, genügend Spielraum also, um zu versuchen, die Explosion zu verhindern. Etwas ratlos betrachtet Riggs das schier unüberschaubare Wirrwarr von elektrischen Leitungen. Nach kurzer Überlegung entscheidet er sich, einen roten Draht zu kappen. Plötzlich hört die Uhr auf, in normaler Geschwindigkeit zu laufen. In rasendem Tempo verringert sich die Zeit auf der Digitalanzeige. Hals über Kopf stürmen die beiden Cops aus der Garage, bevor hinter ihrem Rücken das ganze Haus mit einem ohrenbetäubenden Knall in die Luft fliegt und schließlich in sich zusammenfällt. Nachdem sich der Staub verzogen hat, klatschen die umstehenden Polizisten Riggs und Murtaugh ironisch Beifall.

Sieben Tage vor seinem verdienten Ruhestand erhält Murtaugh die Quittung für die verpatzte Bombenaktion. Er und Riggs werden degradiert und müssen nun wieder als uniformierte Polizisten auf Streife gehen. Roger hatte sich wahrlich ein besseres Ende seiner Laufbahn vorgestellt. Doch die beiden haben Glück: Gerade als sie einem Fußgänger einen Strafzettel wegen Unaufmerksamkeit im Straßenverkehr verpassen wollen, werden sie Zeuge eines Raubüberfalls. Als ein Wachposten die Geldsäcke einer Bank in ihren Wagen laden will, taucht ein zweiter, identischer Geldtransporter auf. Nach einer kurzen Schießerei flüchten die falschen Boten. Unverzüglich heften sich Riggs und Murtaugh an ihre Fersen. Die Verfolgungsjagd dauert nicht lange. Einer der Gangster kann entkommen, der andere wird verhaftet.

Der Festgenommene befindet sich im Besitz einer Pistole, die offensichtlich aus den Aservaten-Kammern der Polizei stammt. Diese und hunderte anderen Waffen wurden während eines Überfalls gestohlen und tauchen nun plötzlich am Markt auf. Vor allem jugendliche Straßenbanden haben sich mit der heißen Ware aufgerüstet. Und nicht nur, daß die Gangs jetzt über modernste vollautomatische Maschinenpistolen verfügen, zu ihrer Beute gehört auch die neueste Generation panzerbrechender Munition, sogenannte Copkiller-Patronen, gegen die selbst schußfeste Westen keinen Schutz mehr bieten. Bei den Bullen herrscht höchste Alarmbereitschaft.

Erste Spuren führen auf die Fährte des Ex-Cops Jack Travis, der seit seiner Entlassung aus dem Polizeidienst offensichtlich die Seiten gewechselt hat und seither kräftig in der Unterwelt mitmischt. Captain Murphy, der Leiter des Morddezernats, hebt die Degradierung von Riggs und Murtaugh wieder auf. Der komplizierte Fall erfor-

dert eben die besten Cops des Departments. Inzwischen aber hat sich auch die Abteilung für polizeiinterne Angelegenheiten, kurz Internal Affairs genannt, in die Ermittlungen eingeschaltet. Ein Alleingang von Riggs und Murtaugh ist dadurch unmöglich geworden. Äußerst widerwillig müssen sie die Detektivin Lorna Cole in ihre Arbeit miteinbeziehen.

Den entscheidenden Hinweis auf den gesuchten Ex-Cop Travis liefert wieder einmal Leo Getz, der ehemalige Drogengeldwäscher, der sein Geld mittlerweile als Immobilienmakler verdient. Er identifiziert Travis als einen Mann, den er als Eishockey-Fan kennt und der kein Spiel seiner Lieblingsmannschaft, der Los Angeles Kings, versäumt. Beim nächsten Spiel des Teams lauern Getz, Riggs und Murtaugh dem zum Gauner konvertierten Polizisten auf. Als der Wind davon bekommt, macht er sich rechtzeitig aus dem Staub, allerdings nicht, ohne Leo vorher eine Kugel in den Arm zu schießen. Die Wunde ist harmlos, aber Murtaugh und sein Partner nutzen die Gelegenheit, um Getz für einige Tage im Krankenhaus zu deponieren.

Nachdem die beiden Polizisten ihren aufdringlichen Helfer im Hospital abgeliefert haben, legen sie erst einmal eine kleine Pause ein. Gerade, als sie versuchen, an einer Würstchenbude ihre angekratzten Nerven mit einem Hamburger zu beruhigen, geht auf dem Schrottplatz nebenan ein Waffendeal zwischen jugendlichen Farbigen über die Bühne. Die Hüter des Gesetzes schreiten natürlich sofort ein. Die aufgeschreckten Kids eröffnen das Feuer und Murtaugh schießt zurück. Dem Großteil der Bande gelingt die Flucht; einer aber bricht tödlich getroffen zusammen. Als Roger die Leiche untersucht, stellt er fest, daß es sich um einen 15jährigen Jungen aus seiner Nachbarschaft handelt, einen Freund seines Sohnes Nick.

Roger kann nicht fassen, was passiert ist. Mit den Nerven völlig fertig, fährt er in den Hafen, wo er sich auf seinem kleinen Motorboot mit einer Flasche Whiskey zurückzieht. Riggs indes setzt die Ermittlungen fort. Zusammen mit Lorna Cole macht er sich auf, eine Lagerhalle zu inspizieren, die von den Waffendealern als Umschlagplatz genutzt wird. Tatsächlich sind ein paar finstere Typen dabei, einige Kisten mit Maschinenpistolen auf einen LKW zu verladen, als die beiden Polizisten eintreffen. Doch den schwerbewaffneten Gangstern sind die Gesetzeshüter deutlich unterlegen. Nach einer kurzen Auseinandersetzung, bei der Riggs erstaunt registriert, daß Lorna die gleichen fernöstlichen Kampfsporttechniken beherrscht wie er selbst, ergreifen die Cops überstürzt die Flucht.

Nach diesem aufregenden Ausflug ziehen sich Riggs und Lorna zu einer Verschnaufpause in die Wohnung der Polizistin zurück. Im Verlauf dieser Ruhephase prahlen die beiden mit ihren zahlreichen Schuß-, Schnitt- und Stichwunden, die ihnen im Dienst zugefügt wurden und der Abend endet, wie nicht anders zu erwarten war, in zärtlichen Umarmungen.

Danach machen sich Murtaugh, Riggs und Laura zu dritt auf die Suche nach Travis. Und obwohl Riggs Kopf und Kragen riskiert, um den Ex-Cop zu stellen, schafft es der Gauner unterzutauchen. Lange kann sich Travis an seiner geglückten Flucht freilich nicht erfreuen. Da das Trio inzwischen weiß, wo sich das Hauptquartier von Travis befindet, dauert es auch nur kurze Zeit, bis die Polizisten dort auftauchen. Es handelt sich dabei um eine im Bau befindliche Wohnanlage. Von zahlreichen Männern mit automatischen Waffen bewacht, gleicht das Neubaugelände einer uneinnehmbaren Festung.

Einen Tag vor seiner Pensionierung sieht sich Roger noch einmal mit einer lebensgefährlichen Situation konfrontiert. Die ungemütliche Vorstellung, vielleicht am letzten Arbeitstag noch verwundet oder gar getötet zu werden, gefällt dem Polizisten nun gar nicht. Was ihn aber nicht daran hindert, seine Partner beim Sturm auf die gesicherte Anlage nach besten Kräften zu unterstützen.

Der Angriff verläuft aus Sicht der Cops durchaus zufriedenstellend. Ein Gangster nach dem anderen wird außer Gefecht gesetzt, und am Ende bleibt nur noch Travis übrig. Bevor Riggs den Gangster ebenfalls aus dem Verkehr ziehen kann, leert Travis das Magazin seiner Pistole noch auf Lorna, die schwer getroffen zusammenbricht. Riggs befürchtet schon das Schlimmste, bis er feststellt, daß seine neue Freundin clever genug war, zwei statt nur einer Schußweste zu tragen.

Das minderte die Durchschlagkraft der Copkiller-Munition immerhin so stark, daß Lorna mit leichten Verletzungen davon kam. Also: Ende gut, alles gut.

Doch halt, da war ja noch Roger und seine Pensionierung. Der nämlich kann seinen ersten Tag ohne Arbeit wenig genießen und will es offensichtlich auch gar nicht. Als seine Famile mit einer Abschiedstorte erscheint, gesteht er ihnen, daß er doch nicht aufhören wird. Er braucht seinen Job so nötig wie die Luft zum atmen. Martin scheint das gewußt zu haben, denn er wartet wie jeden Morgen vor dem Haus auf seinen Kollegen, um mit ihm gemeinsam zur Arbeit zu fahren. Wir alle wissen was das bedeutet: Eine Option des Regisseurs auf Teil 4.

Produzent Silver jedenfalls schließt nicht aus, daß es einen vierten Teil geben wird: »Bitte lassen sie uns beten, daß wir noch eine Folge machen werden. Ich würde liebend gern einen vierten Film machen, wir alle würden liebend gern noch einen drehen.« Und Mel Gibson, darauf angesprochen, ob er noch einmal die Rolle des Martin Riggs übernehmen würde: »Bis jetzt hat mich noch niemand offiziell gefragt, aber ich gehe davon aus, daß es eine weitere Fortsetzung geben wird. Ob ich dann allerdings dabei sein werde, kann ich noch nicht sagen. In nächster Zeit bin ich jedenfalls sehr mit meinen neuen Filmen *Forever Young* und *The Man without a Face* beschäftigt.«

Viel zu tun hatte Riggs übrigens auch während der Dreharbeiten zu Teil 3. Gleichzeitig zu den

Filmaufnahmen stand er für den amerikanischen Pay-TV-Sender HBO vor der Kamera, um das zweite *Unauthorized Lethal Weapon Diary* zu drehen. Wie schon während der Aufnahmen zu Teil 2 folgte auch hier ein Fernsehteam dem Schauspieler während der gesamten Drehzeit mit einer Kamera. Zusammengeschnitten ergaben beide Filme dann ein jeweils halbstündiges Special, das Mel Gibson in den Pausen, beim Dreh und beim Faxen machen zeigt. Wenn Richard Donner immer die entspannte Atmosphäre am Set lobte, dann ist das HBO-Special der Beweis dafür.

# Ewige Jugend: Forever Young

Allzugerne erzählt Mel Gibson in Interviews, wie viele Monate Pause er sich zwischen seinen Filmen gönnt — doch die Realität sieht wohl auch bei ihm nicht anders aus als bei den meisten anderen arbeitenden Menschen. Nur wenige Wochen nach Abschluß seiner Arbeiten an dem Film *Brennpunkt L.A. — Die Profis sind zurück* war er schon wieder bei Dreharbeiten. Er hatte nämlich ein interessantes Projekt gefunden, eines, das die Genres Abenteuerfilm, menschliches Drama und Science fiction auf ungewöhnliche Weise miteinander verbindet. *Forever Young* (früherer Titel: »The Rest of Daniel«) sprengt für Gibson zum erstenmal die Grenzen von Raum und Zeit, was schließlich nicht einmal George Millers Endzeit-Szenarien fertigbrachten. Hinzu kommt, daß er mit diesem Film erstmals an die Schwelle vom Darsteller zum Filmemacher trat. Noch wagte er diesen Schritt mit Netz und doppeltem Boden, wie wir sehen werden. Doch von da an mochte er sich überhaupt nicht mehr sagen lassen, wie man was am besten spielt.

Douglas Militärisches Forschungsinstitut, Nordkalifornien, USA, im Jahre 1939 — Flugzeugmotoren heulen auf, der gleißende Lichtschein einer B-25, des Prototyps eines neuen Jagdflugzeugs, erhellt den Horizont. An den Instrumenten sitzt gutgelaunt Leutnant Daniel McCormick, der das Gefühl hat, mit diesem Flugzeug das Ende der Welt erreichen zu können.

Der furchtlose Testpilot hat am Boden mehr Probleme als am Himmel: Er traut sich nämlich nicht, seiner Verlobten Helen, die er über alles liebt, einen Heiratsantrag zu machen und beschließt, das bis morgen zu verschieben. Doch uralte Sprichwörter unterschätzt man besser nicht ... Für Helen gibt es dieses »morgen« nämlich nicht, weil eine Tragödie ihr bisheriges Leben zerstört. Daniel sieht sich urplötzlich mit einem Leben ohne sie konfrontiert und dieses Wissen ist um so schimmer, als daß er ihr nicht ein einziges Mal seine wahren Gefühle anvertraut hat ...

Weil sein eigenes Leben ihm nun nicht mehr viel bedeutet, läßt er sich kurze Zeit später auf ein Experiment ein, das sein bester Freund Harry organisiert. Es ist ein Experiment, bei dem man ihn einfriert, ihm letztendlich 50 Jahre seines Lebens nimmt und ihn im Jahre 1992 wieder erwachen läßt. Als er aufwacht — weil spielende Kinder auf dem militärischen Gelände an den Apparaturen herumspielen — ist er völlig verloren in der neuen Welt und noch immer unter dem Eindruck des Verlustes von Helen. Doch durch seine enge Freundschaft zu einem kleinen Jungen, der keinen Vater mehr hat und zu dessen Mutter (Jamie Lee Curtis) wird ihm irgendwann klar, daß wahre Liebe ewig währt — während die Zeit auf niemanden wartet. Sein tatsächliches Alter nämlich holt ihn irgendwann wieder ein und auf wunderbare Weise gibt es schließlich sogar ein Wiedersehen mit Helen ...

Eingefroren werden und nach vielen Jahren wieder auftauen ist ein Traum vieler Menschen und wir wissen, daß dies heute tatsächlich versucht wird. Jedoch: Auch wer sich lebend einfrieren läßt, altert. Dem natürlichen Alterungsprozess ein Schnippchen zu schlagen, ist bislang noch niemandem gelungen. Gelegentlich liest man von Wissenschaftlern, die entsprechendes Gerät anbieten oder von reichen Leuten, die sich nach ihrem Tod — oder in manchen Fällen eben davor — einfrieren lassen, um später eine fröhliche Wiedergeburt zu feiern und vielleicht schnell das Serum einzunehmen, das es zu ihrer Zeit gegen ihre Krankheit noch nicht gab.

Doch selbst wenn ein solches Experiment mit Menschen jemals gelingen sollte, wie werden die Betreffenden psychisch damit fertig? Was geschieht angesichts einer solchen »Zeitumstellung«? *Forever Young* befaßt sich hauptsächlich mit diesen Fragen und damit, ob Gefühle tatsächlich Jahrzehnte überdauern können. Nach dem Action-Film als stahlharter Profi nun wieder eine Charakter-Rolle für Mel Gibson: »Hier geht es um Liebe und die Freiheit, diese Liebe immer dann auszudrücken, wenn man das möchte«. Gibson, die »ehrliche Haut« unter den Superstars, ist die ideale Besetzung für den Part.

Steve Miner, der Regisseur, der bisher Filme wie *Wild Hearts Can't Be Broken*, *Soul Man* und *House* gedreht hatte, wurde verpflichtet, weil er in diesen Filmen gezeigt hatte, wie sensibel und lebensnah er den Zauber von Kindheit und deren unschuldigem Wissen für die Leinwand umsetzen kann. Für die Fernsehserie *The Wonder Years* wurde Miner von der Gilde der amerikanischen Regisseure mehrfach ausgezeichnet.

»*Forever Young* hat so viele Elemente. Da gibt es Romantik, Abenteuer, einen Hauch von Science fiction, Tragödien und Humor«, erklärt der Regisseur, »doch in erster Linie geht es um zwischenmenschliche Beziehungen. Daniel ist ein Katalysator, der, als er endlich durch seine eigenen Gefühle durchblickt, seine Erfahrungen weitergibt, damit wenigstens andere nutzen können, was er erlebt hat.«

Der 23 Jahre alte Autor Jeffrey Abrams, dessen Drehbuch *In Sachen Henry* (Regarding Henry) mit Harrison Ford erfolgreich verfilmt wurde, beschrieb seinen Daniel als einen kühlen Testpiloten, der trotzdem unkompliziert ist und nach allen Seiten offen — eben ein Typ seiner Zeit. »Jeff meinte, Daniel sei irischer Abstammung und das verstehe ich gut«, sagte Mel Columcille Gibson, »das sind rauhe Burschen mit einem guten Herzen, die aber auch leicht einmal verzweifeln. Schöne Lieder bringen sie zum Weinen. Damit kann ich mich voll identifizieren.« Gibson, dessen Regiedebüt zum Zeitpunkt der Dreharbeiten zu *Forever Young* in greifbare Nähe gerückt war, interessierte sich schon während der Arbeiten zu diesem Film verstärkt fürs Inszenieren: »Ich habe dem Regisseur daher eine ganze Menge mehr Möglichkeiten meines Spiels angeboten als ich es in anderen Rollen getan habe«, meinte er. »Von Anfang an habe ich versucht, an dem Projekt mitzuwirken. Das Drehbuch kauften wir zusammen ein. Wir setzten uns hin und arbeiteten daran. Mit Steve zusammen habe ich beim Casting mitgemacht.«

Wichtigster Aspekt von *Forever Young* ist die Beziehung zwischen Daniel und Nat Cooper, jenem 11jährigen Jungen, der in Daniel den Vater findet, den er selbst niemals hatte. Gibson und Miner wählten für die Rolle gemeinsam Elijah Wood aus, jenen Jungen, der schon so ergreifend und professionell den Filmsohn von Melanie Griffith und Don Johnson in *Paradise* gespielt hatte und danach in Barry Levinsons Quasi-Autobiographie *Avalon*.

»Man trifft nur selten auf Kinder, die die Schauspielerei im Blut haben. Elijah spielt und es sieht aus, als sei es völlig normal, was er da tut. Er und Mel paßten hervorragend zusammen. Aber Mel kann, glaube ich, mit allen Kindern gut. Er hat sechs davon und ist selbst auch noch eins geblieben. Ich glaube, das sieht man unserem Film an.«

Die Newcomerin Isabel Glasser spielte Daniels große Liebe Helen: »Das Wenige, das ich jetzt über die Schauspielerei weiß, hat mir Mel beigebracht«, sagte sie, »wir haben zusammen die Dailies, also die Aufnahmen jeden Tages, angesehen, und er sagte mir immer, was ich noch ändern mußte. Das war sehr wertvoll für mich.«

Die Kamera zu *Forever Young* führte übrigens ein alter Bekannter von Mel Gibson. Der Australier Rusell Boyd, der schon für *Gallipoli*, *Ein Jahr in der Hölle* und *Flucht zu Dritt* mit Gibson zusammenarbeitete, war für die phantastischen Bilder des Films verantwortlich. Für die Szenen, die im Jahre 1939 spielten, verwandte Boyd spezielle Farbfilter, »um der Atmosphäre eine bestimmte romantische Qualität zu geben.«

Im Februar 1992 hatten die Dreharbeiten begonnen — aber schon Monate vorher mußten viele Bauten errichtet werden. Designer Chris Fonseca hatte eine ähnliche Aufgabe wie seine Kollegen bei den *Zurück-in-die-Zukunft*-Filmen: Er mußte zum Beispiel die Umgebung des Flugplatzes und andere Bauten so gestalten, daß sie 50 Jahre später noch an das frühere Original erinnerten. Ein ruhiges Schnellrestaurant beispielsweise sollte nur leicht verändert am selben Platz sein, inzwischen aber umgeben von Autobahnen und geschäftigen Plätzen — daß man das ganze Lokal zweimal aufbaute, versteht sich von selbst. Alte Flugzeuge, Autos und Uniformen wurden gebraucht, die alten Flugzeuge erhielt man aus dem »Flying Museum« in Chino, Kalifornien.

Eine der schwierigsten Aufgaben hatten die Filmdesigner Dick Smith und Maskenbildner Greg Cannom zu bewältigen: sie mußten nämlich Daniel und Helen im Verlauf der Handlung um jeweils fast 50 Jahre altern lassen. Sechs verschie-

dene Stadien dieses Alterungsprozesses waren
darzustellen, und die Künstler mußten darauf ach-
ten, daß sie nicht Parodien ihrer Helden schufen:
»Sie sollten nicht wie Comic-Figuren aussehen.
Gerade bei Mel mußten wir sicherstellen, ihn

nicht zu überzeichnen. Er sollte so freundlich aussehen wie immer, so eine Art Cary-Grant-Look erhalten. Seine wunderbaren stechenden Augen waren eigentlich nicht älter zu machen.« Drei Paar Kontaktlinsen erzielten schließlich doch den gewünschten Effekt: Es waren Linsen aus Klarglas, die nur um die Pupille herum einen je nach Altersstadium etwas trüberen hellen Ring hatten.«

Das Schminken dauerte jeden Tag bis zu sieben Stunden und Gibson und Isabel Glasser waren manchmal etwas genervt, wenn ihnen die Make-up-Stars wieder eine neue Maske mit Falten aufsetzten oder eine Glatzenperücke, wo einige Originalhaare durch winzige Löcher nach außen gezogen wurden. Andererseits: »Die Haare bei mir wurden Stadium für Stadium weniger und so konnte ich mich langsam daran gewöhnen«, bekannte Gibson. »Es sind die besten Make-ups, die ich jemals gesehen habe, aber ich glaube nicht, daß ich irgendwann einmal so aussehe. Wenn ich mit 85 tatsächlich noch so aussehe, dann kann ich mich glücklich schätzen!«

Isabel Glasser erzählt, wie sie und Gibson die lange Zeit in ihren Make-up-Stühlen, die im gleichen Raum standen, herumbrachten: »Am Anfang haben wir uns unsere Lebensgeschichten erzählt, aber bald wußten wir fast alles voneinander. Irgendwann wurden unsere Gespräche für Zuhörer etwas merkwürdig, weil wir uns nur noch allen möglichen Mist erzählten. Aber wir haben auch stundenlang klassische Musik gehört oder Mel hat Non-Stop schmutzige Witze erzählt.«

Gibson hatte ein eigenes Rezept, mit dem er die Chemikalien jeden Abend wieder aus dem Gesicht bekam, eine selbstzusammengestellte Creme aus Kräutern, Vitaminen und Mineralien. »Er war ein Kräutermännchen. Wir nannten das Zeug 'Mels Magic Moisturizer' (Mels Zaubercreme)«, meinte Isabel Glasser. Mel Gibson als uralter Mann — eine Sternstunde der Filmgeschichte. »Ja, ich möchte selbst alt werden«, sagte er in einigen Interviews, »und von meinen Kindern noch etwas haben.«

# Die erste Regiearbeit: Der Mann ohne Gesicht

Bei *Forever Young* hatte er sich, wie berichtet, schon hin und wieder in die Aufgabenbereiche seines Regisseurs Steve Miner eingemischt. Selbst Regie zu führen, war bereits seit Jahren einer seiner Herzenswünsche. Als Schauspieler hatte er immer wieder Drehbücher gelesen und über eine Eigeninszenierung nachgedacht. Damals sagte er: »Ich will mir den Einstieg in die Regie möglichst leicht machen. Und ich möchte den Einsatz beim ersten Mal niedrig halten, falls es schiefgeht.« Vor allem wollte er versuchen, sich von Regisseuren inspirieren zu lassen, mit denen er bereits vorher zusammengearbeitet hatte. »Ich weiß zwar nicht genau, wie die das machen, aber ich tue genau das, wovon ich glaube, daß sie es auch tun würden.«

Als sie gemeinsam die Produktionsfirma ICON-Productions gründeten, hatten Gibson und sein Partner Bruce Davey drei Ziele vor Augen: Sie wollten Filme mit Mel als Hauptdarsteller realisieren, auf hohem Niveau arbeiten und schließlich das passende Projekt für Mels Regiedebüt finden.

In Malcolm MacRurys Bearbeitung eines Romans von Isabelle Holland fanden sie schließlich, wonach sie gesucht hatten. Gibson und Davey waren von der Reife und Vielschichtigkeit, mit der in diesem Buch Themenkomplexe wie Hoffnung und menschliche Würde behandelt wurden, angetan. Überraschend beschloß Gibson, bei diesem Projekt neben der geplanten Regiearbeit auch noch die Hauptrolle zu spielen. Er wußte natürlich, welche enormen Anforderungen diese Doppelbelastung an ihn stellen würde. Ursprünglich hatte er überhaupt nicht vorgehabt mitzuspielen: »Ehrlich gesagt, für mich war ich selbst höchstens die vierte Wahl. Es gab mindestens drei Kollegen, die ich mir in der Rolle besser vorstellen konnte.« Gedacht wurde zum Beispiel an Jeff Bridges und William Hurt, doch beide waren anderweitig engagiert. »Also mußte ich selbst ran. Das bedeutete lange Arbeitstage, denn es dauerte allein Stunden, bis mein Make-up fertig war. Und das

ließ ich auftragen, bevor die Crew mit den Aufbauten begann. So viel Kraft wie bei diesem Film habe ich noch nie aufbringen müssen.«

Was ist das nun für ein Gefühl für einen Schauspieler, Regie zu führen? »Nun, die Berufe ähneln sich. In beiden erzählt man Geschichten. Das habe ich immer schon gern gemacht. Ich hatte mir bereits seit langem vorgenommen, Regie zu führen, und bei diesem Drehbuch dachte ich: Das ist es. Diese Story möchte ich erzählen.«

Auf die Frage, ob er sich während Dreharbeiten an anderen Filmen auf die Regieaufgabe vorbereitete, antwortete er: »Ich bin nicht der Typ, der den ganzen Tag in seinem Wohnwagen rumhängt und nur darauf wartet, seine Zeilen aufzusagen. Wenn man zwischen den Takes ein bißchen zuhört, kriegt man schon eine ganze Menge mit. Was ich aber unterschätzt habe, ist diese unglaubliche Menge an Entscheidungen, die man treffen muß.«

Aus der Perspektive des kleinen Jungen Chuck Norstadt also erzählt Mel Gibson in *Der Mann ohne Gesicht* die Geschichte einer besonderen Freundschaft. Er spielt den ehemaligen Lehrer Justin McLeod, der bei einem Autounfall schwere Verbrennungen erlitt und seitdem mit einem auf einer Seite völlig entstellten Gesicht leben muß. Im bigotten Amerika der 60er Jahre gilt der vom Schicksal Heimgesuchte als stigmatisiert. Hier die Geschichte:

Chuck wird von seinen Kameraden auf Schultern getragen. Er hat eben sein Examen an der

Militärakademie bestanden und die Familie feiert mit. Doch seine Mutter und seine Schwestern sehen auf einmal seltsam aus und der Vater fehlt. — Es ist nur ein Traum, der glücklich beginnt und böse endet. Der Traum eines Zwölfjährigen, der unglücklich und ohne Vater aufwächst . . .

Der zwölfjährige Chuck fährt mit seiner Mutter und seinen beiden Schwestern in den Urlaub. Mit der Fähre setzen sie über nach Cranesport, einem Küstenstädtchen in Neuengland im Nordwesten der USA. Der Junge erzählt von seinem Traum und der Militärakademie, doch die Schwestern machen sich nur darüber lustig. Er ist so verletzt, daß er in den Bauch der Fähre geht und den Autoreifen seiner Mutter zersticht. In diesem Moment bellt ein Hund und Chuck fühlt sich beobachtet. Aus einem Lieferwagen heraus sieht ihm ein Mann zu. Der Junge prallt zurück, als er dessen Horrorgesicht, das mit tiefen vernarbten Brandwunden übersät ist, erblickt.

Zunächst nehmen die Ferien ihren normalen Lauf. Chuck liest lieber Comics als zu lernen. Die Schwestern machen sich für die Dorfjugend an der Küste hübsch, während Chuck mit ein paar Jungs einen Bootsausflug unternimmt. Man spricht über den vernarbten Freak, der oben in dem finsteren Haus wohnt. Einer der Jungs behauptet sogar, er schreibe Porno-Bücher. Plötzlich hören die Kinder Schritte. Ein bellender Hund jagt die Kinder ins Boot, eilig kehren sie nach Cranesport zurück. Doch Chuck hatte seine Bücher auf den Klippen liegenlassen und geht noch einmal zurück. So macht er unfreiwillig die Bekanntschaft des vernarbten Mannes. Bald stellt sich heraus, daß Junge und Narbenmann viele Gemeinsamkeiten haben. Beide sind Außenseiter. Chuck wird von seiner Familie für verstört und leicht zurückgeblieben gehalten, weshalb er auch unbedingt weit weg von zu Hause auf der Militärakademie ausgebildet werden möchte. Schnell freunden sich die Seelenverwandten miteinander an, und weil McLeod ein ehemaliger Lehrer ist, stehen auf dem Urlaubslehrplan für Chuck plötzlich nicht nur Algebra und Aufsätze, sondern auch die Bildung des Herzens.

Zunächst fühlt sich McLeod aber von dem Jungen eher bedrängt und genervt, doch nachdem die ersten emotionalen Barrikaden gefallen sind, gibt er Chuck Nachhilfe. McLeod entpuppt sich als Freund, Mentor und Animateur zugleich. Er studiert mit dem Jungen, der ihn in jeder freien Minute unter Vorwänden besucht, moderne Poesie und Shakespeare. Der Narbenmann wird schnell eine Art Vaterersatz für Chuck, doch die Außenwelt reagiert barsch auf die Freundschaft zwischen den beiden. Da McLeod vor Jahren einmal unter dem Verdacht stand, einen kleinen Jungen sexuell mißbraucht zu haben, untersagt ihm schließlich sogar der örtliche Sheriff, seinen kleinen Freund wiederzutreffen. Die Leute, darunter auch die Mutter von Chuck, reagieren auf die Freundschaft aggressiv, und McLeod wird zur Persona non grata, die schließlich nicht einmal mehr im Lebensmittelladen bedient wird. Die

Situation verschärft sich derart, daß der vom Schicksal derartig Mitgenommene sogar darüber nachdenkt, sich das Leben zu nehmen. Doch es ist Chuck, der seinem Leben wieder einen Sinn gibt . . .

Mel Gibson, der in dieser Rolle sein Können als großer Charakterdarsteller beweist, versteht es, auch als Regisseur mit großer Sensibilität an diese Geschichte heranzugehen. Der subtile Annäherungsprozeß zwischen dem menschenscheuen McLeod und seinem aufgeweckten Schüler, aus dem sich langsam eine innige Zuneigung und echte Freundschaft entwickelt, wird überzeugend geschildert. Der »Jungregisseur« macht daraus eine Studie über verletzte Gefühle und Diskriminierung. Auch die Szenen, in denen McLeod den Jungen unterrichtet, sind eindrucksvoll inszeniert – solch ungewöhnlichen Schulunterricht sah man zuletzt in Peter Weirs *Club der toten Dichter*. Gibson jedenfalls bewies mit diesem Film einmal mehr, daß er in jedem Genre zu Hause ist. Er ist ein hervorragender Schauspieler mit großen schauspielerischen Möglichkeiten, für Drama und Komödie ebenso geeignet wie für knallharte Action.

Als kompliziert gestalteten sich die Dreharbeiten aus den bereits erwähnten Gründen: Tag für Tag mußte der hübsche Mel, den Millionen vor allem wegen seines guten Aussehens so verehren, sich in den im Grunde gar nicht gesichtslosen, sondern nur entstellten McLeod verwandeln lassen. In einer dreistündigen Prozedur verwandelte Maskenbildner Greg Cannom, der zuvor bereits für *Cocoon* oder *Hook* den Latex-Brei anrührte, Gibson in einen, der »aussieht, als habe man ihm eine Gesichtshälfte mit Pizza verklebt«. Das Brandnarben-Make-up ließ Mel zu einem Freddy Krüger (der Horrorgestalt aus der *Nightmare*-Serie) mutieren, der dennoch relativ unspektakulär ausschaut. Kommentar: »Es waren die besten Make-ups, die ich je gesehen habe.« Schließlich sollte hinter der Maske schnell der Mensch McLeod zum Vorschein kommen. In diesem Zusammenhang weist Gibson auf eine bezeichnende Parallele zwischen filmischer und außerfilmischer Realität hin: »Es war interessant, die Reaktionen der Leute zu beobachten, wenn ich das Make-up aufgelegt hatte. Wenn sie es zum ersten Mal sahen, waren sie erschrocken und verängstigt. Doch nach einer Weile meinten sie, daß sie die Narben gar nicht mehr wahrnehmen würden. Ebenso ergeht es auch dem jungen Helden Chuck. Irgendwann sagte er zu mir: ›Ich hab' deine Narben ganz vergessen.‹« Und er fährt fort: »Für mich bestand die große Herausforderung darin, die physische Verunstaltung vergessen zu machen, gewissermaßen unter der Haut zu spielen.«

Sein Filmpartner Nick Stahl ist ein Ausnahmetalent, der selbst Kinderstars wie Macauly Culkin alt aussehen läßt. Nach nur ein paar Werbespots fühlte er sich reif für einen solch großen Film und meisterte diese schwierige Aufgabe mit Bravour.

Mit seinem Co-Star verstand sich Nick Stahl ausgezeichnet — am Set wurde Mel nur »Big Nick« und Nick nur »Little Mel« genannt —, mehr muß man über ihr Verhältnis zueinander wohl nicht sagen.

Der ganze Film wurde an der Küste des US-Bundesstaates Maine gedreht, ein kleines Fischerdorf verwandelte sich komplett in das Städtchen Cranesport, so wie es in den 60er Jahren ausgesehen haben könnte. Ein College mit Sportplatz und entsprechenden Nebengebäuden diente als Academy, das Ferienhaus der Norstadts war ein richtiges Ferienhaus. Eine Lagerhalle wurde als Produktionsbüro genutzt, und in den Bergen von Maine entdeckte Gibson schließlich auch das eindrucksvolle, auf Felsen gebaute Haus, in das sich McLeod zurückgezogen hat. Das Städtchen Bayside, etwa 30 Kilometer nördlich von Rockport in Maine, kam einen Sommer lang zu Filmehren und viele Neuengland-Touristen hatten bei ihrem Urlaub Gelegenheit, einen zwar hart arbeitenden, aber dennoch immer lokkeren und gelösten Superstar Mel Gibson zu sehen.

Den strahlenden Helden spielte er also diesmal nicht — ganz im Gegenteil: Ein Anti-Typ, vom Schicksal arg mitgenommen, muß sich gegen die Vorurteile der Gesellschaft durchsetzen. »Mel auf Oscarkurs« titelten Zeitschriften prophetisch vorab. Soweit war es zwar noch nicht, aber die Kritik lobte den Film durchweg sehr: Das Regiedebüt war auf ganzer Linie geglückt. Auch der wirtschaftliche Erfolg des Streifens war enorm, bedenkt man das wenig spektakuläre Thema. Für Mel Gibson war aber viel wichtiger, bescheinigt zu bekommen, daß er auch als Regisseur etwas taugt: »Jetzt habe ich natürlich Blut geleckt.« Einen Oscar aber wollte er weder für diesen noch für irgendeinen anderen seiner Filme haben: »Die kleine Figur eines goldenen Jungen? Ja, vielleicht dann, wenn man am Anfang einer Karriere steht. Für mich wäre das eher ein Todeskuß. Sie bekommen einen goldenen Türstopper und für die nächsten fünf Jahre keine Rolle mehr.«

# Stahlharter Profi im Western: Maverick und die Zukunft

Die Produktionsfirma »Icon Productions« hatte Gibson seinerzeit für *Hamlet* gegründet — und eines der ersten Geschäfte dieser Firma in den 90er Jahren (noch vor *Der Mann ohne Gesicht)* war der Erwerb der Rechte an der Kinoversion von *Bret Maverick,* einer Fernsehserie aus den 50er Jahren, in der James Garner die Hauptrolle eines smarten, der Spielsucht verfallenen Cowboys spielte und sich dadurch in die Herzen eines Millionenpublikums katapultierte. Bruce Davey, von Gibson zum Präsidenten der Firma ernannt, gab mit dem Produktionschef der Warner Bros. zusammen die Neuigkeit bekannt. Von vornherein stand fest, daß Gibson selbst die Titelrolle übernehmen würde, doch wer in weiteren Rollen zu sehen sein beziehungsweise wer die Regie übernehmen sollte, blieb lange Zeit ungeklärt. Für das Drehbuch stand bald William Goldman fest, der geniale Hollywoodautor, der sich lange zuvor durch sein Script zu *Butch Cassidy und Sundance Kid* empfohlen hatte und später Bücher wie *Die Braut des Prinzen* schrieb.

Von Richard Donner, Gibsons Freund und Mentor durch die *Lethal Weapon*-Serie hindurch, war zu hören, daß er die beiden nächsten Teile der Erfolgsserie, also Nummer IV und V, gleichzeitig produziere, um so kostengünstig gleich zwei sichere Box-Office-Hits zu lancieren. Irgend jemand schrieb dies in einer Zeitung — und alle, alle schrieben es ab und die Gerüchteküche sprach davon, daß der erste der beiden Filme bereits Anfang 1994 in die Kinos kommen sollte. Doch davon konnte überhaupt keine Rede sein, denn Donner hatte genug Arbeit an dem Film *The Witching Hour,* den er mit Michelle Pfeiffer in der Hauptrolle realisierte; außerdem arbeiteten Gibson und er zunächst einmal an *Maverick* zusammen. *Lethal Weapon IV* und *Lethal Weapon V* lagen damit erst einmal auf Eis. Sowohl Darsteller als auch Regisseur sind sicher, daß *Lethal Weapon* weitergehen soll — Eile jedoch scheint keinem der beiden geboten. Um den wirtschaftlichen Erfolg geht es dem Regisseur Donner ohnehin nicht, denn an *Lethal Weapon III* war er prozentual beteiligt — und hat seitdem ausgesorgt. So gut, daß er sich erlauben konnte, anläßlich seiner Verpflichtung zu *Maverick* zu spaßen: »Ich mache diesen Film umsonst. Was ich bekommen hätte, kassiert jetzt Jodie.« Womit wir bei Mel Gibsons Partnerin in *Maverick* wären: Jodie Foster, das vielfach ausgezeichnete Multitalent des amerikanischen Kinos, gab wenige Tage vor Drehbeginn im August 1993 ihre endgültige Zusage, neben Gibson eine Hauptrolle in dem von Richard Donner inszenierten Western zu übernehmen. Eine weitere heiße Kandidatin für Jodies Rolle war übrigens Meg

Ryan gewesen, die nach ihrem Erfolg in *Schlaflos in Seattle* aber doch lieber andere Aufgaben übernahm.

Der lockere Zocker und Cowboy Maverick, der sich schließlich verliebt, hat natürlich einen Rivalen und ewigen Gegner. Es ist ein Mann namens Cooper, der in der alten *Maverick*-Geschichte ein jüngerer Mann ist, etwa in Gibsons Alter.

Als William Goldman seinen ersten Drehbuchentwurf schrieb, wollten die Produzenten aber noch versuchen, Paul Newman für den Part des Cooper zu gewinnen, und so wurde aus dem jungen Draufgänger ein gestandener Gentleman im Stile des Billardgenies, das Newman in *Die Farbe des Geldes* dargestellt hatte. Doch Goldman hin und *Butch Cassidy* her — Newman entschied sich gegen *Maverick,* denn er wollte lieber an Robert

Bentons Seite das Familiendrama *Nobodys Fool* drehen.

Guter Rat war nun dringend notwendig und möglicherweise teuer, doch Mel Gibson selbst hatte die rettende Idee: Kein Geringerer als James Garner, der Original-Maverick selbst, sollte nun seinen Gegenpart Cooper spielen, und zur allgemeinen Freude sagte der Hollywood-Veteran auch spontan zu. In *Maverick* wird also munter gezockt und natürlich auch geschossen.

Regisseur Donner hatte eine ganze Menge Spaß an dem Film und da er ja längst weiß, wie er mit Mel Gibson umzugehen hat, kommentierte er dessen Szenen mit Jodie Foster mit den Worten: »Ich wußte nicht, was daraus werden würde. Aber sie ist das Süßeste, Witzigste, Erotischste, was mir je untergekommen ist. Unglaublich.« Befragt, wie seine Hauptdarstellerin während der Dreharbeiten mit dem Helden ausgekommen sei, grinste er: »Heiß, die beiden. Phänomenal. Man brauchte einen Eimer Wasser, um sie zu trennen.« Die Love-Story zwischen den Rollen der beiden Stars soll nicht im Original-Drehbuch gestanden haben. Jodie Foster meinte dazu: »Unsere Filmcharaktere sind so böse und fies angelegt, daß man an so Liebeszeug gar nicht denkt. Aber wir haben uns ständig so sehr geneckt, daß eine Love-Story unausweichlich war. Donner hätte sich wohl betrogen gefühlt, wenn wir ihm die nicht geboten hätten.«

Was sagt die private Jodie über den privaten Mel? »Oh, er paßt auf, daß die Leute ein bißchen auf ihn aufmerksam werden. Es ist ein bißchen so, als hätte er die Persönlichkeit eines kleinwüchsigen Menschen, der kein bißchen süß ist, aber richtig schlau.«

Neben Mel Gibson, Jodie Foster und James Garner ist noch Linda Hunt in *Maverick* zu sehen, Gibsons kleine Partnerin aus *Ein Jahr in der Hölle*. Sie spielt eine Zauberin, die mit lebenden Klapperschlangen durch die Lande zieht, um ihr Publikum zu amüsieren.

Richard Donner schwor gegenüber der US-Zeitschrift »Premiere« Stein und Bein, daß die Szenen mit den Klapperschlangen mit echten Giftschlangen gedreht wurden: »Wenn man am Set umherlief und sich in irgendeinen Stuhl setzte, konnte es passieren, daß man sich in eine Schlange setzte. Man mußte auch verdammt vorsichtig sein, wenn man zum Pinkeln ging. Wir haben drei Leute verloren, aber ich weiß nicht mal, wer die waren und es machte sowieso nichts. Das waren nämlich bloß Schauspieler.« Am Set dieses Films wurde überhaupt viel gelacht, so viel, daß Chefmaskenbildner Mike Hancock, der für eine Szene Gibson eine Indianerkriegsbemalung verpaßte, ulkte: »Wir hatten Tonnen von Outtakes*). Gerade Jodie kriegte sich oftmals nicht mehr ein.« Ein dickes Kompliment an die als schwierig geltende und angeblich viel zu ernste Schauspielerin Jodie Foster.

---

*) Szenen, die nicht zu gebrauchen waren, weil die Schauspieler soviel gelacht haben.

Die Vorschußlorbeeren für *Maverick* von allen Seiten waren auf jeden Fall immens — die Kinobesitzer sowohl in den USA als auch Europa rissen sich um diesen Film und es schien bereits vorher festzustehen, daß hier einer der erfolgreichsten Western aller Zeiten auf das Publikum zukommen sollte — man traute dem Gespann Donner — Gibson zu, auch im Wilden Westen nahtlos an die *Lethal Weapon*-Erfolge anzuknüpfen.

Überhaupt bewegt sich Kinoheld Mel gerne auf neuem Terrain und mag es gar nicht mehr, auf einen Rollentypus festgelegt zu werden. Deshalb wählte er für seine zweite Regiearbeit wieder eine ebenso rauhe wie schöne Landschaft als Umgebung. *Brave Heart* ist die Geschichte des schottischen Patrioten und späteren Nationalhelden Sir William Wallace, der im 13. Jahrhundert eine erfolgreiche Widerstandsbewegung gegen das englische Königshaus anführte. Gibsons Produktionsfirma Icon-Productions besorgte die Filmrechte, der Sohn des legendären Alan Ladd, Alan Ladd jr., übernahm die Produktion. *Brave Heart* soll Mitte 1994 abgedreht sein und Ende 1994 in die Kinos kommen.

Ein weiterer genialer Coup der Icon-Leute und sicher ein großer persönlicher Erfolg für Mel Gibson war der Erwerb der Filmrechte an der Fernsehserie *The Avengers,* in Deutschland als *Mit Schirm, Charme und Melone* bekannt. Es sieht ganz so aus, als würde Gibson über kurz oder

226

lang die Nachfolge des TV-Stars Patrick MacNee in der Rolle des Geheimagenten John Steed übernehmen.

Ein weiteres Projekt ist *Assasins,* ein Film, bei dem Gibson auch wieder selbst Regie führen möchte und in dem es um Terroristen geht.

*A Tale of Two Cities* soll eine Adaption der Geschichte von Charles Dickens sein, für die Terry Gilliam *(König der Fischer, Münchhausen)* als Regisseur eingeplant ist.

Regisseur John Milius wird den Film *Northmen* drehen, eine moderne Adaption einer alten Wikinger-Sage, und sein heißester Favorit für die Hauptrolle eines Wikinger-Königs ist: Mel Gibson.

*Deadline Salonika* wiederum steht seit Jahren auf der Liste der noch zu verfilmenden Projekte von Mel Gibson. Es ist die Story eines US-Korrespondenten, der in die Wirren des griechischen Bürgerkrieges von 1948 geriet und dabei umkam. Als Regisseur dieses Politthrillers steht Costa-Gavras auf Mel Gibsons Wunschliste ganz oben.

Und schließlich planen die Hollywood-Giganten Joel Silver *(Lethal Weapon* und *Stirb Langsam)* und John Milius (Drehbuch *Apocalypse Now,* Regie *Conan)* den Film *Sandblast,* in dem Mel Gibson einen Ingenieur spielen soll, der eine Atomrakete in der irakischen Wüste aufspüren soll — *Desert Storm* läßt grüßen.

Und auch die Gerüchte, daß Mel Gibson Timothy Dalton als James Bond ablösen soll, sind immer noch nicht verstummt. Bisher hat der australische Amerikaner Gibson stets geleugnet, daß er als britischer Geheimagent Bond im Gespräch sei, denn noch immer stand nicht fest, ob Dalton weitermachen würde...

Der Mega-Star ist ein wenig älter geworden, reicher an Erfahrungen und reifer. Was die Filmarbeit anbelangt, wird er immer offener, professioneller und ohne Frage auch besser. Und in dem Maße, in dem der Star Gibson sich exponiert, zieht sich der Mensch Gibson, dem allein seine Familie Rückhalt gibt, immer mehr zurück. Die Ehe mit Robyn war auch in Zeiten, als er durch einige Selbstfindungs-Krisen ging, nicht in Gefahr. Die attraktive Ex-Krankenschwester, die er unspektakulär kennen- und liebenlernte, ist heute in erster Linie Mutter. Mel: »Welche Schauspielerin würde sich denn um sechs Kinder kümmern. Nein, ich bin froh, daß ich nicht mit einer Kollegin verheiratet bin.«

Was den Schutz seines Privatlebens angeht, gehört Gibson zu den rigidesten Persönlichkeiten des Showbusiness. Es existieren so gut wie keine Fotos, auf denen er mit Frau und Kindern zu sehen ist, und nur zu wenigen Anlässen (»alle paar Jahre eine Oscarverleihung«) nimmt er Robyn mit: »Sie hat auch keinen Spaß dran«. Journalisten läßt er nicht einmal in die Nähe seiner Frau oder seiner Kinder und hütet sie stets wie seinen Augapfel: »Ich laß' ihnen auch keine andere Wahl«, sagt er ungewohnt rechthaberisch, »denn es ist nicht ihr Job, Interviews zu geben — das ist meiner und manchmal schlimm genug«. Er wird auch schon einmal handgreiflich, wenn Paparazzi die Grenze zu seiner Privatsphäre überschreiten und das kann während Dreharbeiten leicht einmal passieren.

Selbst an so exotische Drehorte wie Thailand, wo er *Air America* drehte, nimmt er seine Familie möglichst mit. »Wo sonst können die Kinder so viel über buddhistische Tempel lernen oder sich in fremden Währungen fitmachen — diese Reisen sind eine tolle Gelegenheit.« Daß die Kinder zusätzlich zu dieser »Schule des Lebens« von einem Privatlehrer unterrichtet werden, versteht sich von selbst. Überhaupt: »Die Familie, das ist wie ein anderer Job, den man hat. Man muß die Zeit dafür aufbringen und am Ende eines jeden Arbeitstages will man schießlich stolz auf seine Arbeit sein.«

Auf seine Fähigkeiten beim Babywickeln und Geschirrspülen kann er aber offensichtlich nicht so stolz sein. Einmal, vor Jahren, durfte Robyn beim Interview eines befreundeten Pressemannes mit dabei sein: »Mel braucht jemanden wie mich. Im Haushalt hat er zwei linke Hände. Außerdem muß sich jemand um seine Diät kümmern. Man mag es kaum glauben, aber viele von Mels Verwandten neigen zur Pummeligkeit, deshalb muß ich aufpassen. Ich esse viel Fisch, wenig Zucker und passe beim Trinken auf.«

Es gab ja auch die Zeit, in der er erfahren hatte, was es bedeutet, wenn man in die Nähe der Abhängigkeit von der Droge Alkohol gerät. Auf dem Weg zum Superstar, allzuoft von der Familie getrennt, trank er schon mal einen über den Durst. (Einmal, während der Dreharbeiten zu *Flucht zu dritt*, hatte ihn die Polizei sogar am Steuer seines Wagens mit zuviel Promille im Blut erwischt und nahm ihn in Arrest.) »Früher war es mein Unglück, daß wir ständig getrennt waren. Deswegen habe ich doch auch damals so viel getrunken und geraucht.«

Auch über den »unzeitgemäßen Kettenraucher« Gibson kann sich die Presse inzwischen nicht mehr aufregen, denn während der *Hamlet*-Dreharbeiten entsagte er dem blauen Dunst. Mit Kaugummi und Mineralwasser bekämpfte er den Drang nach Zigaretten und trieb daneben immer viel Sport. Seine filmische, humorvolle Präsentation dieses Themas findet sich übriges in *Lethal Weapon III*, wo Martin Riggs ebenfalls mühevoll dem Nikotin abschwört. »Daheim auf der Ranch in Australien war die Qualmerei ohnehin nie ein Problem, denn mit 800 Rindviechern und sechs Kindern kommst du nicht zum Rauchen.«

Für jene, die wirklich alles über ihn wissen möchten: In Australien hat er einen Geländewagen und ein Motorrad, in den USA fährt er einen 560er Mercedes SL (Farbe rot) — für Autos interessiert er sich aber eigentlich nicht, sie kommen ihm nur teuer vor: »Aber ich bin ein Idiot in Gelddingen. Ich hasse Geld. Das heißt, ich liebe Geld, weil man es zum Leben braucht, aber ich will mich nicht dauernd darum kümmern, Finanzberater, Rechtsanwälte und so. Ich neige dazu, verdammt großzügig zu sein, das ist mein Problem.«

Für die Zukunft plant er, den Großteil des Jahres sein »anderes Leben als Rinderfarmer«, fernab der Filmmetropole, zu leben. »Denn in Hollywood bin ich nicht ich selbst, sondern die Medienfigur Mel Gibson, die mit mir selbst längst nichts mehr zu tun hat.« Zu seinem gigantischen Erfolg im Filmgeschäft hat er inzwischen eine sehr reife, geläuterte Position: »Erfolg schmeichelt einem und man kann kaum widerstehen. Aber Erfolg bedeutet auch, daß deine eigentlichen Fähigkeiten darunter leiden. Man kann den Blick für die Realität und damit für die Wahrheit verlieren, auch was die eigene Arbeit betrifft. Ich habe gelernt, in meinem Privatleben kein Schauspieler zu sein, denn ich will niemals den Kontakt zu meinem wahren Ich verlieren.«

Weise Worte eines einzigartigen Talents. Was macht dieses Talent so einzigartig? Mel selbst hat eine Antwort parat: »Oh. Die Leute mögen, was ich mache.«

So einfach ist das.

# **F**ilmographie

| Jahr | Deutscher Titel | Originaltitel |
|------|-----------------|---------------|
| 1977 | Summer City | Summer City |
| 1979 | Mad Max | Mad Max |
| 1979 | Tim – Kann das Liebe sein? | Tim |
| 1981 | Z-Men (Die grünen Teufel vom Mekong) | Attack Force Z |
| 1982 | Gallipoli | Gallipoli |
| 1983 | Der Vollstrecker | Mad Max II – The Road Warrior |
| 1983 | Ein Jahr in der Hölle | The Year of Living Dangerously |
| 1984 | Die Bounty | The Bounty |
| 1984 | Menschen am Fluß | The River |

| Jahr | Deutscher Titel | Originaltitel |
|------|-----------------|---------------|
| 1985 | Flucht zu Dritt | Mrs. Soffel |
| 1986 | Jenseits der Donner-kuppel | Mad Max III – Beyond Thunder-dome |
| 1987 | Zwei stahlharte Profis | Lethal Weapon |
| 1988 | Tequila Sunrise | Tequila Sunrise |
| 1989 | Brennpunkt L. A. | Lethal Weapon II |
| 1990 | Ein Vogel auf dem Drahtseil | Bird on the Wire |
| 1990 | Air America | Air America |
| 1991 | Hamlet | Hamlet |
| 1992 | Brennpunkt L.A. – Die Profis sind zurück | Lethal Weapon III |
| 1993 | Forever Young | Forever Young |
| 1993 | Der Mann ohne Gesicht | The Man Without A Face (auch Regie) |

| Jahr | Deutscher Titel | Originaltitel |
|------|-----------------|---------------|
| 1994 | Maverick | Maverick |
| 1995 | (steht noch nicht fest) | Brave Heart (auch Regie) |
| | In Vorbereitung | |
| 1996 | Northmen | |
| 1996 | Lethal Weapon IV | |
| 1996 | The Avengers | |
| 1996 | Lethal Weapon V | |
| 1996 | Assasins | |
| 1996 | A Tale of Two Cities | |
| 1997 | Deadline Salonika | |
| 1997 | Sandblast | |

# Literaturverzeichnis

Abramovitz, Rachel; Mad Mel; aus: American Premiere 9/93

Barra, Allen; To Mel and Back; aus: Entertainment Weekly 9/93

Everitt, David; Mad Max Returns; aus: Fangoria 8/85

Feeney, F.X.; Roadie to the Max; aus: L.A.Weekly 8/85

Griffin, Nancy; Lethal Charm; aus: US 12/88

Hanson, Tim; The World of Action; Hamburg 1990

Hirschberg, Lynn; Mind Over Matter; aus: Blitz 5/89

Lofficier, Jean-Marc; Mel Gibson, The Man Who Is Mad Max; aus: Starlog 8/85

Manning, Fiona; Mel Gibson: Off Camera & Off Guard; Movieline 4/86

Nickson, Liz; Mel Gibson; aus: Männer Vogue 11/90

Richard, Juli F.; Mel Gibson, Lethal, but Nice; aus: Movieline 1988

Sinyard, Neil; Mel Gibson; New York 1992

Smith, Margaret; Mel Gibson; aus: cinema papers, 3/83

Stein, Michael; Behind the Scenes on Mad Max Beyond Thunderdome; aus Fantastic Films 8/85

Vallely, Jean; Sweet Mel of Success; aus: North America Times of London Syndicate 1987
Yakir, Dan;  Air Gibson; aus: Sky, 10/90

Für dieses Buch wurden neben den angegebenen Büchern und Zeitschriftenartikeln auch zahlreiche Filmberichte, Interviews und weitere Veröffentlichungen zu Mel Gibson in den Zeitschriften cinema, cinema plus, videoplus, Kino, TV-Spielfilm sowie die Presse-Mitteilungen der Filmproduzenten und -verleiher gesichtet und ausgewertet.

# *Biographie*

Als Band mit der Bestellnummer 61243 erschien:

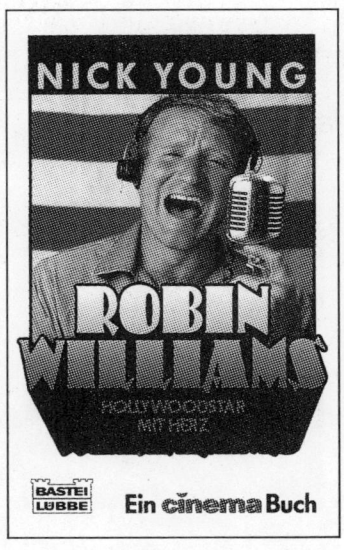

Mit Filmen wie »Garp und wie er die Welt sah«,
»Good Morning, Vietnam« und »Club der toten Dichter«
spielte sich Robin Williams in die Herzen
von Millionen Zuschauern. Nick Young erzählt
die bewegte Geschichte dieses wandlungsfähigen
Charakterdarstellers.

# *Biographie*

Als Band mit der Bestellnummer 61 225 erschien:

Sieben Oscars für »Der mit dem Wolf tanzt«. Nick Young erzählt das Leben des zähen Einzelkämpfers Kevin Costner.

# *Biographie*

Als Band mit der Bestellnummer 61212 erschien:

Seit »PRETTY WOMAN« ist Richard Gere
als Hollywoods männliches Sex-Symbol in aller Munde.
Doch der Star hat mehr zu bieten.

# *Biographie*

Als Band mit der Bestellnummer 61 208 erschien:

»Einer der letzten echten Hollywood-Stars«
Stephen Spielberg